달 바라기

김광영 수필집
달 바라기

인쇄 2017년 8월 17일
발행 2017년 8월 23일

지은이 김광영
발행인 서정환
펴낸곳 수필과비평사
주소 서울시 종로구 삼일대로 32길 36(익선동 30-6 운현신화타워 빌딩) 305호
전화 (02) 3675-3885, (063) 275-4000 · 0484
팩스 (063) 274-3131
이메일 sina321@hanmail.net   essay321@hanmail.net
출판등록 제300-2013-133호
인쇄 · 제본 신아출판사

저작권자 ⓒ 2017, 김광영
이 책의 저작권은 저자에게 있습니다. 서면에 의한 저자의 허락없이 내용의 일부를 인용하거나 발췌하는 것을 금합니다.
COPYRIGHT ⓒ 2017, by Kim Gwangyeong
All rights reserved including the rights of reproduction in whole or in part in any form.
저자와 협의, 인지는 생략합니다.
잘못된 책은 바꿔 드립니다.

ISBN 979-11-5933-106-0 03810
값 13,000원

> 이 도서의 국립중앙도서관 출판예정도서목록(CIP)은 서지정보유통지원시스템 홈페이지(http://seoji.nl.go.kr)와 국가자료공동목록시스템(http://www.nl.go.kr/kolisnet)에서 이용하실 수 있습니다.(CIP제어번호: CIP2017020816)

Printed in KOREA

* 이 책은 2017년 한국문학예술위원회, 부산광역시, 부산문화재단 지역문화특성화지원 사업으로 지원을 받았습니다.

달 바라기

김광영 수필집

수필과비평사

작가의 말

　보름달을 무척 좋아한다. 이 세상을 떠날 때 달이 아까워 못 떠날 만큼 달 바라기를 하며 산다. 온달이 소나무에 걸려 잠 못 드는 밤엔 달빛에 취하려고 옥상으로 올라간다. 그러면서도 달에 관한 글을 한 편도 쓰지 못했다. 은은한 빛이 신비스러워서일까. 경외심 때문일까.

차오르면 일그러지고 일그러졌다가 차오르는 달을 보면서 희망을 놓지 않는 파랑새가 된다. 둥근 달처럼 글감이 차오르면 쓰고 그믐달처럼 깜깜할 땐 쉰다. 달의 주기를 따르다 보니 다작을 못한다. 그래서 이제야 2집을 낸다.

2017년 여름, 김광영

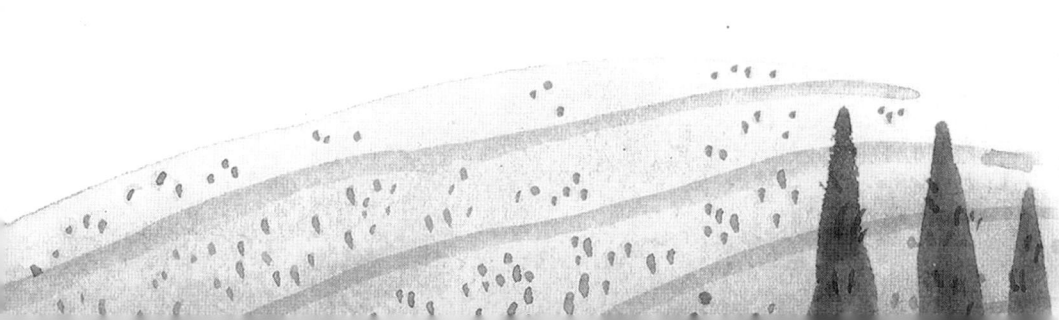

차례

| 작가의 말 • 4

1부
떡잎 되던 날

돌쩌귀 • 13
섬 • 18
서까래 • 23
떡잎 되던 날 • 28
심재心材 • 32
집성촌 사람들 • 36
해국 • 41

수필집
달 바라기

2부
B氏의 봄날

호박꽃 • 49

짝 • 54

곁가지 • 59

껍데기 • 65

다정이 낳은 덫 • 70

돌아갈 수 없어 다행이다 • 75

B氏의 봄날 • 80

3부
J 선장님께

원판 불변의 법칙 • *87*

내 가슴의 판화 • *92*

J 선장님께 • *97*

몸을 푼 석탑, 회한에 잠기다 • *105*

연리지, 갈라놓다 • *110*

깍두기라니 • *120*

함축, 그 웅숭깊은 매력 • *125*

수필집
달 바라기

4부
양지마을 맨 끝집

야명조의 반성문 • *133*

양지마을 맨 끝집 • *138*

홍매 담는 진사님들 • *142*

너를 부러워한다, 동강할미꽃 • *146*

그녀의 줌마 병법 • *151*

돌아온 부메랑 • *155*

타인의 열매 • *159*

5부
꿈, 살려내다

답 없는 게 인생 • *167*

고래심줄은 자를 수나 있지 • *172*

서출지에서 • *176*

섬 할머니 • *179*

그 겨울의 종소리 • *183*

〈퍼즐〉을 읽고서 • *186*

꿈, 살려내다 • *192*

■ 작품 해설

문학적 사유와 차연差延의 작품화 • *198*
  | 한상렬(문학평론가, 에세이포레 발행인)

기억하기와 글쓰기 • *205*
  | 송명희(부경대 국어문학과 교수, 문학평론가)

'기행수필'의 크로스오버적 기능 확대 • *213*
  | 유한근(문학평론가)

1부
떡잎 되던 날

돌쩌귀

 부모는 문을 짜는 목수일 뿐이다. 완자문이건 꽃살문이건 아무리 힘들게 제작했어도 돌쩌귀 앞에서 그 공로를 자랑하지 말아야 한다. 돌쩌귀를 심지 않아 벽에 세워둔 문을 보면 단지 공예품으로서 존재할 뿐 문으로서의 효용 가치가 없다. 모름지기 문이라면 문설주에 암톨쩌귀를 깊게 심어놓았을 때 제 구실을 한다. 문을 여닫는 일도 암톨쩌귀가 잡고 있어 가능하고, 바람에 펄럭펄럭 거드름을 피우는 짓도 그를 믿고 어릿광대를 피우는 것이다. 쇠붙이로 만든 장식품 하나가 문설주에 삽입되어 집의 완성도를 결정하는 걸 보면 암톨쩌귀의 소임이 실로 얼마나 막중한지 느끼게 한다. 휴가철에 내려온 아들내외를 보며 문득 그런 생각이 들었다.

방에서 수유하던 며늘아기가 긴장된 얼굴로 아들의 휴대폰을 들고 나온다. 해외에 출장가신 이사님으로부터 문자가 왔다는 것이다.

"이 과장, 지금 휴가 갔나요?"

점심을 먹고 있던 아들이 메시지를 확인하더니 애써 대범한 척하면서도 풀이 죽는 기세다. 모처럼 서울에서 장모님까지 모시고 내려와 생선회라도 대접하려던 참이었는데 삽시간에 찬물을 끼얹은 듯하다. 사실은 이사님께서 이번 프로젝트에 목숨을 걸라 하셨단다. 그 말은 휴가도 반납하고 연구하라는 암묵적인 지시였는데 가족과 함께 고향집으로 내려왔으니 입장이 난처한 모양이다. 부하 직원에게 막중한 일을 맡기고 출장가신 상사는 얼마나 궁금하고 불안했을까. 일의 진척을 알아보기 위해 회사로 연락했는데 자리에 없으니 언짢아서 보낸 메시지다.

아들은 말을 편집하는 데 서툴다. 이공계 출신이라서 그런지 앞뒤 설명 없이 단답형 아니면 직설법을 써서 상사의 비위 맞추기에는 적당하지 않은 듯하다. 휘청한 키로 마루를 서성대던 아들이 혼잣말처럼 중얼거린다. "목요일에 출근한다고 말씀드

릴까." 말에도 기교와 장치가 필요한데 좌뇌만 발달한 아들은 기껏해야 그 정도의 답변밖에 드릴 수 없는 모양이다.

제 가장의 말솜씨를 잘 아는 며느리가 자칫 화를 불러일으키기 좋을 답변을 가만히 버려 둘 리 없다. 나긋한 음성으로 "이리 와 봐요." 하며 손을 잡고 방에 들어가더니 한참 속삭거린다. 멀뚱하게 지켜보던 나는 아들이 먹다 만 밥그릇을 정리하면서 어떻게 답변을 보내는지 전혀 궁금하지가 않다. 센스 있는 며느리가 꿰차고 어련히 알아서 할까봐서다.

서울 태생인 며느리는 화술에 귀재다. 누구든 며느리의 설득에 안 넘어갈 사람이 없을 만큼 논리정연하다. 육하원칙을 대입하면서도 상대방의 기분을 나쁘지 않게 풀어나간다. 큰아들 내외가 한동안 삐거덕거렸을 때도 양쪽을 오가며 가교 역할을 잘해서 찰떡같이 붙여 놓았다. 좀처럼 타인을 칭찬할 줄 모르는 큰아들이 그때 진심으로 "어머니 작은며느리 정말 똑똑하고 대단합니다." 제수를 칭찬했다.

사람 한 명이 도시 전체의 이미지를 바꾸는가 보다. 작은며느리를 보고 난 후부터 서울깍쟁이란 말은 물건너갔다. 말끝마다 서울에서 태어나고 자란 분들이 양반이라고 누누이 자랑한다. 며느리의 자그마한 체구 어디에 그토록 넓은 도량이 숨어 있는지 신통하고 고마울 때가 여러 번이다.

언젠가 며느리가 하소연을 하기에 들어보니 얼굴이 화끈거렸다. 아들의 철없는 짓이 하도 민망해서 "더벅머리 길 들이는 건 몽당치마라고 처음부터 대들어 버릇을 잡으라." 했더니 일언지하에 그런 짓은 안 하겠노라고 부러지게 답했다. 한 번 대들면 그 다음부턴 강도가 세지기 마련이고 결국엔 가정이 깨지기 쉽다고 어른스럽게 말하는 게 아닌가. "어머님, 전 싸워도 절대 친정어머니껜 알리지 않아요. 그러면 엄마도 속상하겠지만 오빠가 처가에 가서 설 자리가 없잖아요." 산전수전 다 겪은 내가 그 말이 너무 고마워 눈물을 찔끔거렸다.

요즘 젊은 부부들은 초장에 기선제압하려고 서로 우기면서 양보할 줄 모른다고 한다. 결혼한 남자들이 후배들에게 "장가 가봤자 출근할 때 음식물쓰레기 들고 나가기밖에 더하냐고, 결혼의 환상은 깨졌으니 너희들 혼자 살라고 권유한다."는 세상이다. 그런 시대에 며느리는 제 가장을 하늘처럼 떠받들고 산다. 자정까지 업무에 시달려 파김치처럼 숨죽어 오는 게 안쓰럽다며 꼼짝 말고 쉬게 한단다. 설거지와 청소, 음식물쓰레기 버리는 일도 전혀 시키지 않는단다. 이 각박한 세상에 남자의 기를 아내가 세워주지 않으면 어떻게 헤쳐 나가느냐고 한다. 해서 나는 며느리에게 없어서 못 줄 뿐이지 좋은 건 뭐든 주고 싶은 심정이다. 며느리를 보면 한학이 얼마나 소중한지 새삼 깨닫는다. 며느리가 어렸을 적 외가에 가면 외조부님께서 새벽부터 사서삼경, ≪명심보감≫, ≪소학≫, ≪대학≫을 읽게 하셨다더니 그 은덕인가 싶어서다.

집의 완성도는 암톨쩌귀에게 있다. 얕게 박으면 문을 여닫을 때 흔들거리고, 수평이 맞지 않아도 문의 무게를 못 이겨 언젠가는 뽑히고 만다. 정조준해서 수평을 맞춘 뒤 암수 돌쩌귀를 깊숙이 심어야만 문이 조용해진다. 변변찮은 우리 집 문설주에 깊이 뿌리내린 며느리가 보석처럼 마냥 귀하다.

섬

 노인이 산책을 나서면 털 복숭이 개 한 마리만 따라나섰다. 산책이라야 탑골 산소를 둘러보는 게 전부였다. 마을 어디를 가도 노인의 벗은 찾을 수 없었다. 간혹 승용차가 들어오면 자식인가 쳐다보다 돌아서기 일쑤였다. 아흔에 드신 노인의 어깨에 후회만이 파도처럼 넘실거렸다.
 이태 전에 수술을 하신 노인은 좀체 구미가 돌지 않았다. 식욕이 떨어지자 귀까지 절벽이어서 대화가 이루어지질 않았다. 목청껏 소리를 질러서 돌아오는 대답은 동문서답이었다. 들리지 않는 노인이나 고함을 질러야 하는 안노인이나 답답하기는 마찬가지였다. 근래엔 안노인마저 게이트볼을 치러가고 노인의 곁엔 온종일 사람이라곤 얼씬거리지 않았다. 노인은 몸 아픈 사람을 두고 나다닌다고 역정을 내고, 할멈은 이 나이까지 시집을 살리느냐고 주장을 펴셨다. 두 분이 실랑이를 하면 딱히 할 말이 없어서 틈만 나면 빈자리를 메우려고 노인을 향해 발걸음을 놓곤 했다.

듣지 못하는 당신께 보청기 운운하면 아예 손사래를 치셨다. 윙윙거린다는 핑계지만 실은 애걸복걸 해드리자는 자식도 없었다. 더더구나 어릴 때 어머니가 돌아가신 딸은 아버지에 대한 애틋한 정이 별로 없었다. 아들 네 명에겐 전답을 물려주고 그녀에겐 따비밭 한 자락도 물려주지 않는 게 몹시 서운해서다. 스물아홉에 세상을 뜬 아내의 한 점 혈육에게 그렇게 냉정할 수 있을까 해서 친정걸음을 그만두려고 작심도 여러 번 했었다.

언젠가 그녀가 아버지와 단둘이 있는 시간에 딸에게도 상속을 좀 달라고 했더니 일언지하에 "나는 출가외인에게 상속 주는 법은 인정 못한다." 쐐기를 박으셨다.

그럼 아들에게 팔아준 전답은 아깝지 않느냐고 물었더니 "애비가 번 돈을 자식이 좀 쓰면 어떻노." 그런 대답이 돌아왔었다. 그런저런 차별대우를 하는 노인께 굳이 보청기 해드리는 것이 딸은 내키지 않았다. 그녀의 작은동생들 역시 상속을 큰형의 지분만큼 받지 못했다고 번갈아가며 투덜댔다. 보청기는 당연히 총애를 받는 맏아들이 해드려야 한다는 눈치였다. 한데 아버지의 귀엔 보청기가 없었다. 당신의 요즘 후회는 "자식 준 그 돈으로 회사를 차렸더라면 떵떵거리고 살긴데."였다.

한파가 기승을 부리던 지난 겨울에 오남매는 거위 털 점퍼를 모두 입었지만 노인은 입지 않았다. 20여 년 전 그녀가 짜다 드린 털 스웨터로 숭숭 들어오는 겨울바람을 막아내고 계셨다. 보다 못한 그녀가 깃털 점퍼를 사드렸더니 꽃 피고 새 우는 봄날에도 그 옷만 입고 지내셨다. 청대밭에 바람이 세게 이는 날 밤엔 잠자리에서도 그 옷을 입고 주무시곤 했다. 그녀의 유년을 돌이켜보면 노인으로부터 자상한 말 한마디, 따뜻한 손 한 번 잡혀 본 기억이 나지 않는다. 하지 마라, 안 된다, 나쁜 짓이다, 등등 훈계만이 다 자랄 때까지 이어졌다. 철조망 같은 울타리에 갇혀 언제나 자유를 찾아 훨훨 날고 싶었고, 매른 노인의 굴레를 벗어나고 싶은 게 꿈이기도 했다. 바르게 키우려는 의도였지만 제재가 심하면 정이 떨어진다는 걸 노인은 몰랐다. 하물며 핏줄도 그러한데 타인이야 오죽했을까.

그해 수술을 하신 노인은 병문안 오는 이를 손꼽아 기다리고 계셨다. 구십 성상을 살다 보니 벗들은 죄다 돌아가셨지만, 집안 친지들만이라도 많이 올 줄 알았는데 그마저도 뜸했다. 노인은 친척들에게도 간섭이 많았다. 집안 잔치에 장구를 치고 놀면 남사당패냐고 호통을 쳤고, 처녀총각들이 타성바지와 어울리면 눈 맞춘다고 혼을 냈다. 젊은 시절 호랑이 같은 당신이 읍내에 나타나시면 집안 청년들이 먼발치에서 모두 달아나곤 했다. 그렇다고 노인이 친척들에게 할 도리를 안 하신 건 아니다. 가난한 조카에게 학자금도 마련해 주었고, 궁핍한 사촌에게는 쌀가마도 나누었으며, 오밤중에라도 급한 환자가 생기면 읍내 병원에 데려가기도 했다. 하지만 그건 모두 그때뿐이고 꾸짖는 말만 가슴에 남는 게 사람이 아니던가.

  노인이 섬이 된 건 청각을 잃은 탓도 있지만 고루한 성품 탓이 더 크다. 서양문물은 모두 싫고 흘러간 조선시대의 관습만 고집하셨다. 그래서 늘 고독했다. 선대로부터 물려받은 풍습과 관행은 아버지의 유산이기도 했다. 재물유산은 천수답 서 마지기를 받았지만 정신적인 유산은 노적가리만큼 받은 분이다. 자식들에게 재산을 차별 없이 나누어 주고, 변해가는 시대풍조를 받아들였더라면 저렇게 소외되진 않았을 텐데…. 그녀가 자랄 때도 조선시대 말기의 생활을 고집하다 보니 별나다고 호가 났었다. 보이지 않는 전파가 번개같이 날아다니는 소통만능 시대에 당신만의 틀에서 벗어나지 못하는 노인이 가엾고 딱하기 이를 데 없었다.

 섬에 가는 길이다. 파도 소리도 물새 소리도 들을 수 없는 가라앉은 섬을 향하는 길이다. 많은 것을 품었던 개펄이 사라진 섬은 절해고도 그 자체이다. 그 옛날 등대가 되어주었던 섬을 이젠 어디에서도 볼 수 없다. 혹여 지나가는 배가 섬에 닿길 기다리던 외로운 모습만 어른거린다. 일주일에 한 번 오는 관리자를 날마다 기다리고, 온종일 개 한 마리만 따라다니던 인적 없는 섬. 나는 지금 지하에 계신 선친 곁으로 가는 중이다.

서까래

    가끔 나의 존재를 생각하면 속이 상한다. 관공서에서 나랏일 한 공적도 없고 기업체를 이루어 사원을 먹여 살린 공덕도 없고, 더구나 후배 양성할 자격도 갖추지 못했기에 내세울 게 없다. 단지 자영업으로 내 가족 건사한 것뿐인데 그마저도 접고 있으니 삶의 의미가 사라진 듯하다. 화초를 키우며 자연에 묻혀 지내다 보니 문득 선방 요사채를 불사 할 때의 일이 떠오른다.

    대선사께서 수행하시던 선원에 불사가 시작되자 신도들의 열성이 불같이 일어났다. 대들보는 오백만 원, 기둥은 삼백만 원, 문짝과 상방, 중방, 하방, 값은 일백만 원, 도리 값은 오십만 원이었다. 그에 비해 천장을 받치고 있는 서까래 값은 십만 원으로 매겨졌다. 차전놀이에서 장수를 떠받드는 형국의 서까래 값이 가장 쌌다. 개수가 많은 만큼 한 개의 값은 싼 게 당연하다면서도 어쩐지 존재 없는 사람을 보는 것 같았다.

  목수 한 분이 몇 년 간 다져놓은 지반 위에 초석을 놓고 기둥 뿌리가 썩지 말라고 소금을 쏟아부었다. 그 위에 기둥을 세우고 보와 마룻대를 걸치고 대들보를 올리자 큰 골격은 거반 완성되었다. 여태 힘들었던 목수들이 한시름 놓았다는 듯 상량 술 한 잔씩을 들이켜고는 몸을 풀 겸 집으로 돌아가자 경내는 다시 고요가 내려앉았다. 한길 건너편에서 해조음만 철썩철썩 바람결에 실려 왔다. 모처럼 한가해진 나는 한갓진 사찰마당을 서성이다 솔 향이 물씬 나는 서까래 더미 쪽으로 다가갔다. 연약한 서까래쯤이야 나도 들 수 있겠다 싶어 나무 밑에 손을 넣었더니 겉보기와 달리 꽤 묵직한 중량이 전해졌다. 제 역할을 충실히 해낼 요량이었는지 나의 힘으론 도저히 들 수 없는 무게를 지니고 있었다.

  이튿날 아침, 피로를 풀고 돌아온 목수들이 서까래 재목에 대패질을 하기 시작했다. 쓱싹쓱싹 목피 벗겨내는 소리가 종무소에까지 들려왔다. 제재소에서 이미 다듬어온 목재지만 그들은 작은 옹이 하나도 정성껏 깎아내고 있었다. 건물의 수명이 다할 때까지 무거운 황토와 수백 장의 기와를 받치고 있을 노고를 위로하려는 듯 매끈하게 손질해 주었다. 나도 그에 화답이라도 하듯 떡을 녹이고 라면을 끓이고 과일을 꺼내 목수들의 허기를 달래기에 여념이 없었다.

  수십 개의 서까래가 마룻대에 걸쳐지고 그 위에 널빤지를 덮고 붉은 황토를 쏟아부었다. 이제 수백 장의 기와가 올라가면 고랫등 같은 한옥의 위용이 드러날 터이다. 한데 아무리 봐도 서까래의 역할이 너무 버거워 보인다. 대들보 밑에서 막중한 무게를 받아내야 할 서까래의 형색이 꼭 여인네를 닮은 듯하다. 특별히 어긋난 주장이 아니면 남자의 의견을 따르고, 가슴앓이를 하며 자식을 키우는 여자의 자리가 단연코 서까래를 닮은 듯하다.

  서까래는 지붕을 올리고 나면 힘들고 속상해도 집이 해체되지 않은 한 벗어나지 못한다. 서까래가 내려앉으면 지붕이 무너져 내린다. 수십 년간 한옥을 지어본 목수들이 서까래에 정성을 들이던 뜻도 거기에 있지 싶다. 한옥의 수명이 다하는 날까지 등에 업은 멍에를 벗을 수 없고, 벗어난들 심기가 편하지 않다는 것을. 암키와와 수키와로 골을 지은 지붕 위에 용마루를 덮었다. 양 옆에 망새를 세우고 처마 끝에 수막새까지 붙이고 나면 고대광실 한옥의 자태가 드러날 터이다. 그 밑에서 떠받치고 있는 서까래는 힘에 버거워 뼈마디가 욱신거려도 강단 있게 버티어 줄 때 존재의 가치가 있는 것이다. 그게 바로 안사람의 자리인 것이다.

서까래용 나무들이 가지를 옆으로 뻗지 못하고 가지런히 자란 이유는 잡생각하지 말고 묻혀 살라는 뜻인 성싶다. 그처럼 나도 옭매어 길러졌다. 여자로 태어난 너는 날고 뛰어봤자 서까래용이다. 서까래가 고개를 쳐들면 대들보와 지붕이 무너지는 법이니 죽은 듯이 살라고 배웠다. 물론 그 말 속엔 여자가 수그리고 사는 게 못나서가 아니고, 못 이긴 듯이 깔려주면 속내는 다 고맙게 여긴다는 뜻도 들어 있었을 터이다.

산전수전 다 겪고 나니 구구절절 맞는 말이다. 남 잘되는 것 보고 진심으로 좋아할 사람 없고 튀다가 깨지지 않은 사람 없다. 묻혀 살아서 좋은 점도 많지 않은가. 집의 중심을 잡고 있는 대들보도 수시로 일어나는 갈등을 잠재우느라 고통스러울 테고, 건물 전체의 하중을 받고 있는 기둥과 마룻대도 곤고하긴 마찬가지다. 내가 묻혀 살아서 다른 사람이 돋보였고 내가 못나고 튀지 않아서 타인의 마음이 좀 편했는지 모른다. 세상에는 서까래같이 묻혀서 제 역할을 하는 이들이 훨씬 많지 않은가. 격조 있는 한옥을 보며 묻힌 서까래의 직분이 얼마나 큰가를 이제야 깨닫는다.

떡잎 되던 날

 큰언니처럼 푸근한 분께 아들 결혼 날짜를 잡았다고 했더니 대뜸 충고를 했다. "아들을 장가보내면 사촌쯤으로 여겨야지 자식으로 생각하면 매번 서운하다." 하셨다. 그땐 마음 단속 잘하라는 뜻으로 흘려들었다. 제 짝과 오순도순 재미있게 살면 고맙지 서운한 생각이 왜 들까 의문마저 들었다.
 아래층 아들이 서울에서 예식을 올리던 날 나는 아들네 집에도 가볼 겸, 혼주가 마련한 버스를 타면서 마음이 부풀어 있었다. 신혼집에 불쑥 찾아가기가 민망해서 전화상으로 빈말을 건넸다. "너희 집에 갈 시간이 없으니 바쁜 새아기는 두고 아들이라도 얼굴 좀 보자."

　서울에 있는 아들은 유년시절부터 고집 피우고 떼를 쓰며 울어본 적이 없다. 튀김을 하다가 밀가루가 부족하다면 군말 없이 쪼르륵 사다주었고, 해거름만 되면 부엌방에서 밥하는 엄마를 위해 피리를 불어주곤 했다. '미루나무 꼭대기에 조각구름 걸렸네, 실바람이 몰고 와서 살짝 걸쳐놓고 갔대요.' 티 없이 맑고 순수한 피리 소리! 그 소리에 감흥해서 연탄 냄새 자욱한 부엌에서 국수를 삶아도 짜증스럽기는커녕 신바람이 났다. 동요가 사만큼 파란 부추와 샛노란 계란지단을 올려 멸치장국에 말아주면 호륵호륵 들이켜는 소리도 귀여웠지만 엄지손가락을 곧추세워 어미의 손맛을 한껏 추켜세우던 살가운 아이였다.

　대학수능시험 점수가 잘 나왔을 때도 제 자랑은 접어두고 엄마가 뒷바라지를 잘해줘서 좋은 점수를 받았다며 어미 공덕으로 돌리던 아들이다. 군복무 시절에도 "아들아, 군대생활이 힘들지?" 물으면 "어머니, 저는 국가에서 잘 먹여주고 잘 입혀 줘서 편히 지내고 있습니다." 군대 생활의 고역을 당해보지 않은 어미를 감쪽같이 안심시켜 주던 아들이었다. 그러던 아들이라 서울에서 십여 년 넘게 홀로 지내는 게 뼛속 깊이 외로워보였는데, 주선해준 아가씨와 결혼하겠다니 마음속의 주름이 쫙 펴지는 듯했다. 퇴근해서 집에 가면 밥해 놓고 기다리는 가족을 만들겠다는 게 얼마나 고맙고 마음이 놓이던지.

어미를 만나기 위해 예식장에 나온 아들에게 잘 지내느냐고 물었더니 눈에 광채가 날 만큼 힘을 주어 잘 지낸다고 했다. 호텔 로비에서 한 시간쯤 얘기를 나누면서도 나는 쇠를 깎듯 마디게 시간을 보내고 싶은데 아들은 눈치를 슬슬 보며 시계를 들여다보는 게 아닌가. 산전수전 다 겪은 어미가 그 뜻을 모를까. 날씨도 차가운데 어둡기 전에 어서 가라고 했더니 처음엔 한두 번 사양하더니 그럼 가도 되겠느냐고 했다. 나는 등을 떠밀며 "그래, 엄마가 떠나는 걸 보면 서운하다. 어서 가거라."

말과 뜻은 다를 때가 종종 있다. 이내가 깔린 서울의 거리에서 남남처럼 돌아서는 아들의 뒤태를 보고 있자니 졸지에 서러움이 울컥 밀려들었다. 시계를 보니 대절버스 출발시간 15분 전이다. 단 5분이라도 더 보고 싶어 아들이 밟고 간 발자국을 따라 종종걸음을 치며 따라갔다. 하나 보폭이 큰아들과의 간격은 쉬이 좁혀지지 않았다. 어미에게 미련이 남으면 한 번쯤 돌아볼 터인데 심중에도 없는 듯 신사동역을 향해 성큼성큼 걸어가고 있었다. '어미는 너를 흠씬 보지 못해 이렇게 안달인데 고개 한 번 돌리지 않는 괘씸한 녀석이라니.'

저만치서 신호를 받고 있는 아들을 잡으려고 옥죄인 발로 걸음을 다잡았다. 간신히 거리를 좁혀 다가서려는 찰나에 신호등이 바뀌었고 아들은 잽싸게 횡단보도를 건너기 시작했다. 제가 무에 그리 바쁘다고 경보선수처럼 걷다니. 순간 체면을 던져버리고 손을 모아 크게 불렀다. "종~건~아." 무심한 것이 웅성거리는 궁중 속에서도 제 이름은 들리는지 힐끔 돌아보더니 애면글면 서 있는 나를 목격했다. 눈을 왕방울만큼 크게 뜨고는 아주 황당한 표정으로 달려와서 "엄마! 이러면 우짜노, 먼저 가라 해놓고는."

할 말이 없었다. 자식이 어찌 어미 속을 다 알까. 차마 하고 싶은 말은 못하고 주책없이 눈물만 줄줄 흘렸다. 고작 5분 더 보고 돌아서면서 그제야 나는 깨우쳤다. 이제 아들은 나를 떠나 젊은 아내의 남편이란 걸. 코트 주머니에 손을 넣고 새아기를 찾아 바쁜 걸음 치는 뒷모습을 보며 '그래, 나는 이제 떡잎이야. 너희들에게 내 모든 걸 다 빼앗긴 영양가 없는 떡잎! 이 철없고 무심한 자식들아.'

혹한에 겪은 떡잎의 서러움은 쉬이 삭지 않았다. 내려오는 버스 안 유리창에 성에가 뽀얗게 끼었다. 손가락으로 '떡잎은 잘 내려가고 있다.'고 휘적휘적 낙서를 했다.

심재 心材

심재心材는 수목의 중심을 잡아주는 버팀 부분이다. 가지 많은 나무가 폭풍우를 견뎌내는 힘도 동심원의 안쪽 심재에 있고, 하늘을 향해 쭉쭉 가지를 펼치는 여력도 심재 때문이란다. 심지어 생장의 노폐물마저도 심재 부분으로 죄다 흘러 보낸다니 수목이나 사람이나 가솔을 지거내려면 모두 그렇게 품이 넓어야 하는가 싶다.

스님이 주신 원목 찻상도 심재 부분이 검게 변했다. 그 찻상 앞에 앉으면 아버지의 내려앉은 속을 보는 것 같다. 유교적인 가풍을 고집하시던 아버지는 잔정은 없었지만 대주의 직분으로

선 더 없이 든든하셨다. 세상의 모든 남자들은 아버지처럼 든든한 줄 알았기에 촌치도 의심 없이 부부의 연을 맺었다.

하나 환상은 몇 달 가지 않아 부서졌다. 서너 달이 채 못 되어 깊이 숨겨두었던 악습이 드러나기 시작했다. 밤마다 눈이 붓도록 울었으나 감히 친정에 알릴 수 없었다. 잘 살거니 마음 놓고 계신 아버지께 억장이 무너지는 말은 차마 드릴 수 없었다. 아버지 역시 바싹 말라가는 내 행색을 보고 짐작은 하셨겠지만 물어볼 수 없었을 터이다.

십수 년이 지나고 아이들이 사춘기에 접어들자 도저히 가정을 더 이상 지탱할 수 없었다. 참고 살면 아이들마저 빗나갈 판국이어서 혼자 키우기로 마음을 먹고 친정을 찾아가 의논 드렸다. 그럴 때마다 "결손 가정에서 아이들이 자라면 비행청소년이 되기 일쑤인데 네 가슴에 화살로 꽂힌다."며 호통을 쳐서 돌려보내곤 했다. 그 말씀을 거역하지 못해 참고 살았지만 악습은 나아지질 않았다. 다시 찾아가 참을 수 없다고 하자 "정 그렇다면 아이들은 네가 맡아라."고 강력한 어조로 지시하셨다. 허락은 받은 셈이지만 그 일은 향교 출입하시는 분을 사회에서 매장시키는 것과 진배없었다. 그때부터 당당하던 기벽도 숨이 죽었고 남의 일에 참견하는 일도 일체 삼가셨다. 아버지의 속이 심재처럼 시커멓게 썩어가고 있었다.

  몇 년 전 아버지의 병세가 깊어져 수술을 했을 때 나는 수술실 앞에서 죄인처럼 앉아 있었다. 혼자서 자식을 키우는 딸을 보며 속병이 생겼을 터라 생각하니 고개를 들 수 없었다. 긴 수술 끝에 회복실로 돌아온 아버지는 마취에 취해 의식이라곤 없었다. 깨우지 않으면 자는 잠에 가신다기에 두 시간을 꼬박 불러 정신을 찾게 했다. 아이들이라도 바로 성장하는 걸 보여드리고 싶어서였다.

  돌이켜보면 나는 아버지의 말씀 때문에 사람답게 살려고 애를 썼다. 돌아선 가문이지만 연로하신 어른께 찬을 만들어 찾아갔고, 편찮으실 땐 병원에 모시고 갔으며 간간이 내 집에 모시기도 했다. 세상을 뜨실 땐 상주 노릇도 했고 조상 기일이 돌아오면 정성껏 제수를 장만해서 아이들에게 제사를 모시게 한다. 그러잖아도 자식들이 본 바 없을까 걱정인데 조상 섬기는 일마저 등한히 할까 염려가 되어서다. 그런 나에게 어떤 이가 현명하지 못하다고 타박을 하면 딱히 할 말이 없다. 버젓하게 내외를 갖춘 사람들도 제사를 서로 미루는 경우가 있는데 그 무슨 바보 같은 짓을 하느냐고 질책을 받지만 아버지의 딸인 나는 그렇게 살아야 마음이 편하다.

언젠가 아버지가 조부의 비석에 새긴 손서 이름을 어찌하면 좋겠느냐고 다그치셨다. 대답을 못 하는 나에게 "원래대로 돌아가든지 아니면 네가 파버리라."고 역정을 내셨다. 내 인생에 제일 큰 과제가 그 일이다. 아버지의 썩어가는 세포들도 그 일만 해결되면 새살로 돋아날 것만 같았다. 속이 뻥 뚫린 통도사 입구의 느티나무도 충전제로 속을 채워 넣었는데, 하물며 아버지가 나무보다 못해서야 되겠는가 싶었지만 나는 당신의 소원을 들어 드리지 못했다.

원목찻상의 나이테를 세어 보니 백 년은 됨직하다. 긴 세월을 지낸 탓에 동심원의 안쪽이 검게 변했다. 대주가 할 말을 죄다 삼키면서도 묵묵히 사랑채를 지켜주어 가정이 온전하듯이, 나무가 하늘을 향해 무럭무럭 키를 높인 것도 이 심재의 은덕일 테다. 주목 찻상을 쓰다듬어 본다. 물관이 살아 있었던 변재 부분은 벌레와 이끼가 발을 붙였던 흔적이 보이지만 가운데 심재 부분엔 미물 한 마리도 범접한 흔적이 없다. 수목을 버티게 해 준 심재의 애환을 철없는 가지가 어찌 알까.

지하에 계신 당신의 빈자리엔 그루터기만 남았다.

집성촌 사람들

 지척에 고향을 두고도 향수병을 앓을 때가 가끔 있다. 고향을 찾아도 내가 자랄 때 후끈했던 집안사람들의 열기는 가뭇없이 사라지고 서늘한 기운이 마을 초입부터 밀려든다. 마을회관에 낯선 외지인들이 터줏대감 노릇을 한다는 말을 들을 때면 더더욱 씁쓸하다. 굴러온 돌이 박힌 돌 뺀다더니 몇 백 년 지켜온 본토 사람들을 감히 무시하고 자기들이 주인 노릇을 하다니. 내가 할 수 있는 일이라곤 가끔 찾아가서 타지 사람들에게 기죽지 말라며 어머니와 재종숙모님의 사기를 돋우는 것이다.

 선사시대 우시산국의 수도였다는 고향마을(울주구 웅촌면 검단)

은 풍수지리학적인 안목이 없는 내가 봐도 포근하고 아늑한 지형이다. 성처럼 둘러쳐진 높은 뒷산과, 좌우로 기러기 날개 모양을 한 얕은 산들이 둘러져서 동리사람들을 포근하게 안는 형국이다. 호리병 주둥이같이 기다란 마을 출입구를 벗어나면 큰 내가 들판을 적시며 유유히 흘러가고 있다.

고령이 본관인 우리 집안은 임진왜란 때 거창과 고령에서 의병을 일으켜 우국충정의 공을 세운 김면 선생의 후손들이다. 문전옥답 몇 마지기로 연명하면서도 손님접대만은 소홀하지 않았고, 자손들의 교육은 서당에서 한학을 배우게 했으며 인의예지를 으뜸으로 가르쳤다. 그런 가풍은 세월이 가도 쉽게 사라지지 않았다. 집안 대소사가 있을 때면 온 집안사람들이 힘을 모아 접빈에 정성을 들이곤 했다.

내 기억 속에 묻어둔 자랄 때의 추억을 들추면 정겨운 풍경이 파노라마처럼 펼쳐진다. 어느 집 기제사가 들면 집안 아낙네들이 빠짐없이 모여들어 제수를 장만하고 밤이면 유관을 쓴 제관들이 줄을 이어 대문을 들어섰다. 또 소대상은 온 집안사람들의 협동정신으로 치러졌다. 시골집 마당에 차일과 휘장을 치고 깨끗한 자리를 깔아서 손님들이 편안하게 대접 받을 수 있도록 무진 애를 썼다. 조문객이 몇 백 명이라도 모두 각상을 차렸으며 식상 반찬은 열 가지가 훨씬 넘어야 했다. 배추김치, 물김치, 젓갈, 나물, 부각, 멸치볶음, 생선구이, 전, 잡채, 수육, 육회, 쇠고기국, 떡, 감주, 과일, 그리고 술병이 올라야 기본은 된다고 했다.

그때 일사분란하게 움직이던 집안사람들의 협동정신을 나는 지금 그리워한다. 조문객이 모여드는 점심나절이면 아낙네들의 손길이 한껏 바빠진다. 하루 전부터 장만해둔 갖가지 음식을 정갈하게 담아내고 청년들은 분주히 상을 날랐는데 잡음과 분란이라곤 없었다. 온 집안사람들이 몸을 아끼지 않고 한 가족처럼 움직였다. 상차림에서 안사람들의 솜씨가 드러나고 언행에서 남자들의 배운 바가 드러난다고 생각했기에 모두가 조신하게 조문객을 맞이했다. 큰일 때마다 밥을 담당했던 종숙모는 가마솥 아궁이에 종일 불을 때고, 국을 잘 끓이던 재종숙모도 펄펄 끓는 국솥에 엎드려 팥죽 같은 땀을 흘리며 군담 없이 일을 해내셨다. 조무래기 아이들은 시루떡 한 조각씩 얻어 들고 저들끼리 사이좋게 놀아주면서.

그때 농촌 사람들은 손님으로 가면 느긋하게 하룻밤 묵고 가는 게 통례였다. 각 집 사랑방에 몇 분씩 분담하여 모셨는데 푸새한 이부자리가 빳빳하게 준비되어 있었고, 구수한 한담으로 이 고을 저 고을 소식들을 나누곤 했다. 그중에 망자와 친분이 두터운 분은 밤중 제사에 참석하여 제문을 읽고 곡을 하는 게 예였다. 제사가 끝나면 청년들은 깜깜한 밤길에 손전등을 들고 음복 상을 사랑채마다 날랐는데, 비라도 오는 날이면 조붓한 고샅길에 우산까지 받쳐 들고 여간 힘든 게 아니었다. 더욱 고마운 것은 그토록 큰일에 헌신봉사를 해도 모두 우리 집안일이라고 생각했기에 보답을 바라지 않았다. 기껏해야 과방에 남은 껍데기 붙은 수육 몇 점으로 술 한 잔씩 돌리면서 고생했다는 말로 대사를 마무리했다.

길사에도 마찬가지였다. 새 며느리를 맞이하면 집집마다 장맛을 보여야 한다고 한 달간 저녁밥 예약이 줄을 이었다. 신부는 집안사람들의 얼굴도 익힐 겸 초대되어 다녔는데 그럴 때면 우리는 "정말 시집 잘 왔다."고 새색시를 놀리곤 했다. 그게 시누이 값하는 거였다. 그토록 정겨운 가풍에 젖어 있던 나는 도시로 시집왔기에 전혀 그런 호사를 누리지 못해 아쉬웠다.

가난했지만 담장 너머로 칼국수 양재기 넘겨주고 추어탕 냄비 넘겨받으며 살았고, 가뭄 끝에 비가 내리면 온 집안사람들이 천수답에 모를 심어주곤 했다. 간혹 꼴 먹이러 간 어느 집 소가 돌아오지 않으면 온 집안사람들이 찾아나섰다. 장정들이 손전

등을 비추며 산으로 올라가 해묵은 묘 앞에 능청스레 누워 있는 암소를 기어이 찾아내고야 만다. 개선장군같이 소를 몰고 내려오면 술렁이던 마을에 웃음꽃이 피었고 마구간에 넣고야 각 집으로 흩어졌다. 돌이켜보면 끈끈한 그런 정들이 모여 더욱 화목하고 돈독한 집안이 형성되었는가 싶다. 삶을 찾아 대처로 흩어졌던 사람들도 명절에 고향마을을 찾으면 정을 떼지 못해 미적거리곤 했는데 이젠 그런 온기라곤 없다. 저세상으로 떠난 분들이 대부분이고 남아서 자리를 지키는 몇몇 분들도 예전처럼 훈훈하지가 않다.

 그때 그 사람들은 다 어디로 갔을까.

해국

때 아닌 추수철에 태풍이 왔다. 바다의 신 포세이돈이 거대한 '차바'를 몰고 육지를 습격한 것이다. 연례행사처럼 닥치는 태풍이 올해는 비켜간다 싶더니 철 지난 가을에 행패를 부린다. 집채 같은 물너울로 인가를 위협하는가 하면 저지대를 삽시간에 물바다로 만들어버렸다. 연달아 들려오는 암담한 소식들로 마음이 심란한데 사진카페는 생뚱맞다. 태풍이 휩쓸고 간 갯바위에 해국이 피었다며 올려놓았다. '태풍에 골병 든 해국' 제목을 봐서는 형편없이 망가진 것 같은데 사진 속의 해국은 수난 당한 흔적이라곤 찾아볼 수 없다. 갯바위 틈에서 한 무더기 피어난 꽃송이들이 방실방실 웃고 있다. 산이 무너져 내리고 지붕이 날아가는 이 험한 풍세 속에 해수를 덮어쓴 야생화가 어쩜 저렇게 싱싱할까?

태풍을 이겨낸 해국을 만나려고 빗길을 달려 오랑대로 향했다. 유배된 친구를 찾아온 선비 다섯 명이 절경에 취해 술을 마시고 음주 가무를 즐겼다는 오랑대. 그곳엔 이미 출사 나온 사람들이 해국에 렌즈의 초점을 맞추고 있었다. 둔덕에 올라서자 성난 물살이 뭍으로 달려온다. 거세게 달려온 파도가 갯바위를 후려치고 애먼 해국에게까지 철썩 덮어씌우더니 나에게까지 짭조름한 간기가 달라붙는다. 안경이 희뿌예지면서 옷이 눅눅해진다. 해국이 태풍 오던 그날의 위협적인 순간을 어찌 견뎌 냈을지 마음이 짠하다.

자동차가 떠내려가고 집이 침수되고 사람의 목숨까지 앗아간 판국에 갯바위에 붙은 한낱 야생화가 저렇게 건재하다니! 태풍을 직격탄으로 맞고도 삶의 끈을 놓지 않은 식물이 의연할 따름이다. 광풍을 속수무책으로 당하면서도 손에 손을 잡고 서로를 격려해 줬을 말들이 상상 속에 피어난다. '얘들아, 우리 죽으면 안 돼, 꼭 살아남아야 해, "생명을 포기하지 않은 해국들이 대견스러워 어루만져 본다.

해국 앞에서 조모의 삶이 어른거린다. 할머니도 해국처럼 풍파를 많이 겪으셨다. 태어나서 세상 뜨실 때까지 생사를 위협하는 순간들이 몇 번이었던가. 틈만 나면 눌러 두었던 멍든 사연들을 고치실처럼 풀어내어 손녀에게 들려주곤 하셨다. 일제강점기적엔 식민지 취급을 받는 것도 서러운데 농사지은 알곡을 깡그리 빼앗긴 사연하며, 무엇보다 아들 무매독자를 대동아전쟁에 참전 시킨 암담한 심정을 쏟아내실 땐 나 역시 화가 났다. 행여나 전사통지가 날아들까 불면의 밤을 보낸 할머니의 세월이 해국 앞에 다시 살아난다. 새가슴 떨 듯하며 손 모아 기도하던 일상들이 아직도 나의 뇌리에 빼곡히 저장되어 있다. 할머니는 위기가 닥쳐도 정신만 차리면 살아남는다는 강한 신념을 가진 분이셨다.

아버지가 해방으로 인해 돌아오셨지만, 몇 년 후 다시 피비린내 나는 한국전쟁을 겪어야 했다. 동족상잔의 전쟁으로 인해 겪은 고초는 말할 수 없는 멍이고 아픔이다. 아버지가 위기에 처하자 자식을 살리기 위해 할머니가 당한 고문은 이루 말할 수 없었다. 순사들로부터 모진 고문을 받으면서도 아들을 살려달라고 애걸복걸 빌었던 손이 애처롭고 가련하다. 시대를 잘못 타고난 죄로 빌어야 했던 굴욕감이 내 가슴을 치게 한다.

갯바위에 뿌리 내린 '해국' 역시 바다의 신에게 살려 달라고 그렇게 빌었을 테다. 살아서 꼭 영화를 보기 위함이 아니라 타고난 생명을 천수가 다할 때까지 지키려는 의무감으로 애원했을 테다. 어느 누가 찾아와서 어여쁘다 치켜세우지 않더라도 저만의 자존감을 지키며 살아가고 싶었을 테다. 남에게 의존하는 생명체들은 나약하지만 자립심으로 살아가는 생명체는 강하면서 장하지 않던가.

할머니도 자립심이 강했고 항상 밝고 희망을 잃지 않았다. '천석꾼도 군음식에 망한다. 단단한 땅에 물이 고인다. 호랑이한테 물려가도 정신만 차리면 산다.'는 속담을 누누이 들려주면서 손녀를 가르쳤다. 젊은 나이에 홀로되셨지만 외로워 보인다거나 쓸쓸한 표정은 찾을 수 없었다. 할머니가 일손을 놓는 날은 몸살이 나서 누웠을 때였다. 앞산 암자에서 도량석 치는 소리가 들리면 곤한 잠 무덤을 털고 무엇에 쫓기듯 일어나셨다. 새벽부터 물레를 짓고 길쌈을 했으며 먼동이 뿌옇게 트면 쇠죽솥에 여물을 삶고 가축을 돌보는 손길이 바빠졌다. 날이 새면 밭에 나가 김을 매고 어둠살이가 내려앉으면 집으로 돌아오는 자연인이셨다. 누가 시킨 것도 아닌데 왜 그토록 일을 하셨는지. 그건 조모의 성품 탓이기도 했지만 거친 세월의 파도를 타면서도 언젠가는 잘살아보리라는 희망 때문이었다.

"내 앉아 울던 자리에 네도 앉아 울어 봐라." 할머니의 잠재의식 속에는 늘 이 말이 고여 있었다. 사람이 살아가는 상황이 돌고 돈다는 뜻이다. 오늘 편하다고 늘 편한 게 아니라는 말이다. 궁지에 몰린 사람에게 돌을 던지지 말고 그 사람의 입장에서 생각해 보라 했다. 선대들이 체득한 인간사의 흐름을 함축해 놓은 속담이 구구절절 무릎을 치게 한다.

할머니 떠난 세월이 이십 년이 지났다. 육신이야 이미 진토가 되었지만 환란 속에 살다 가신 아픈 내력은 내 가슴에 오롯이 살아있다. 할머니야 그 세월 사위스럽다 잊으라 하겠지만 나는 잊을 수 없다. 억척스럽게 살아온 내 조모의 개인사를 응어리가 녹아내릴 때까지 다독이고 싶다. 언젠가 만날 그날에 조모의 품에 안겨 그 설움 내가 대신 울어드려야지.

2부

B氏의 봄날

호박꽃

후미진 곳도 버려진 땅도 개의치 않는다. 잡초들 틈에라도 심어만주면 꿈을 이루리다. 내가 피우는 것은 사랑 받기 위한 꽃이 아니다. 아름다운 이 땅에 끝까지 종족을 지켜내기 위한 절치 고심하는 모성의 꽃이다. 푸른 날의 영화를 보기보다 끝까지 살아남아야 할 무거운 소망을 품은 꽃. 고운 꽃이라 인정받지 못해도 좋으니 제발 측은한 눈길일랑 거두어 주었으면······.

산비탈 돌밭이나 밭두렁에서 수더분하게 피어나는 호박꽃을 보면 그런 이야기가 조잘조잘 흘러나올 것만 같다. 기름진 밭에 엉덩이 한 줌 걸치지도 못하고 각박하게 뿌리를 내리는 처지에도 탐스러운 열매를 덩실덩실 맺는 걸 보면 궁핍 속에서도 많은 자식을 길러내던 우리들 어버이를 연상케 한다. 매혹적인 향기 대신 정결한 어머니의 살 냄새를 풍기는 호박꽃은 사랑스러운 식물이다.

폭염 속에서도 열매를 위한 염원만 가득해서 넓죽한 잎들에게 자양분을 보내라고 다그치는 듯하다. 그러나 잎들의 광합성 작용은 열매보다는 꽃을 위하는 듯, 짙푸른 엽록소를 만들어 외모에 자신 없는 꽃송이를 받들기에 여념이 없다. 잎은 꽃을 위해 헌신하고 꽃은 열매를 위해 정열을 소진하며 사는 희생의 피조물이다. 후덥지근한 여름날 잠 못 이루고 부스스한 얼굴로 들에 나서면 밤새 이슬을 촉촉이 물고 배시시 웃는 꽃을 보면 동백기름 자르르 바르고 친정 걸음하시는 친정어머니를 떠올리게 한다. 때로는 수건을 쓰고 밭이랑에 엎드린 할머니처럼 포근하고 믿음직스럽다.

아름나움은 꽃과 여지에게 통용되는 만고불변의 법칙이다. 색스럽고 매력적이지 못해 사람들의 눈길 한번 제대로 못 받는 호박꽃을 보면 왠지 측은해진다. 모름지기 꽃이라면 예뻐야 한다는 가치 기준이 바뀌지 않는 한 못난 꽃이란 대명사는 변하지 않는다 해도 호박꽃은 자신의 외모를 탓하지 않는다. 운명을 탓하기보다 스스로 개척하고 만들어가는 여장부의 모습이다. 자연세계는 공평하고 순수하여 벌 나비들은 못생긴 호박꽃을 구박하지 않는다. 오히려 깊고 달콤한 향기에 빠져들면 긴긴 여름날 해 지는 줄 모른다. 가진 것 몽땅 주어도 아까워 할 줄 모르는 호박꽃의 넉넉한 인심이 주렁주렁 탐스러운 열매가 되어 쏟아진다.

프로메테우스가 하늘에서 훔쳐왔다는 불씨의 색깔, 황색을 선호하는 그는 꽃이라기보다는 세상을 밝히는 한 촉의 촛불인가 싶다. 철부지적 기억 속에 잠긴 호박꽃을 건져 올리면 늘 아련한 초롱불로 떠오른다. 벌이 앉은 호박꽃을 두 손에 움켜잡고 초롱불 밝혀 달라 떼를 쓰던 유년의 기억도 새록새록 피어난다. 나는 가끔 호박꽃에서 불을 찾았으니. 화신火神이 화신花神으로 착각하며 피는 꽃인가. 그래서 꽃 중에도 성스러운 선각화로 여긴다. 신이 꽃과 열매를 두고 한 가지만 택하라고 했을 때 열매를 택한 지혜로운 꽃. 사람의 눈을 즐겁게 현혹하기보다 먹이가 되어 피와 살이 되고자 하는 자비의 화신이다.

호박꽃은 우리나라가 원산지가 아니다. 머나 먼 남미에서 이주해온 이민가의 후손이다. 비록 토종은 아니지만 슬기롭게도 성공하는 조건, 운·둔·근 세 박자를 모두 갖춘 식물이다. 기름진 이 땅에 이주한 것이 '운'이고 매혹적이지 못해 관심 밖이지만 그로 인해 꺾이는 화를 면할 수 있는 것도 복이다. 그깟 인기에 연연하지 않고 초연하게 피어나는 꽃. 어리석게도 욕심이 많아 넝쿨이 휘어지게 무겁게 살지만 그 성실함으로 인류의 사랑을 받는 게 아닐까.

자식이 곧 힘이요. 종족보존이라는 지혜를 터득한 꽃, 제 아무리 예쁜 장미도 화무십일홍이라는 순리는 이기지 못한다. 그러기에 호박꽃은 계절의 끝자락에도 절망하지 않고 끊임없이 열매를 맺어 가을 담장에 희망을 얹는다. 곧 부지런함이란 '근'에 속하니 넝쿨이 시들시들 마를 때까지 생을 포기하지 않는 근면성에 나는 박수를 보낸다.

제 한 몸 가꾸기에 안달이던 꽃들은 찬바람이 불면 곧 허물어지지만 호박은 바싹 마른 꼬투리에 고추잠자리 앉혀놓고 희롱하는 여유가 있다. 못생긴 꽃이라고 타박 받던 푸른 날을 보상이라도 받듯 황금빛 자손을 주렁주렁 거느렸으니 감히 누가 그를 함부로 무시하겠는가. 찬바람 부는 엄동이 오면 금빛 찬란한 열매들은 안방 장식장에 올라 복을 불러들이는 신주단지로 격상한다.

가끔은 머나 먼 마추픽추의 하늘빛이 생각날까. 안데스 산자

락의 소달구지 덜컹거리던 석양 길이 그립기도 하겠다. 그러나 등 붙이고 뿌리내려 살다 보면 고향이 따로 없다. 이민가의 후손으로 묵묵히 제자리를 지키며 꽃보다 열매로 끝을 누르는 호박꽃이 나는 좋다.

짝

앳된 처녀가 세 남자 앞에서 울고 있다. 마치 죄인이라도 된 양 고개를 숙인 채 펑펑 눈물을 흘리고 있다. 자신을 선택한 세 남자 중 두 남자를 돌려세워야 하는 게 너무 괴로운가 보다. "내가 뭐라고 남의 집 귀한 아드님을 저울질하는지 모르겠다." 며 하염없이 눈물을 쏟아낸다.

심야에 방영하는 청춘남녀들의 짝 찾기 프로그램을 보고 있다. 애정촌의 첫날, 등에 번호표를 붙인 처녀총각들이 수영장을 가운데 두고 섰다. 수영을 해서 마음에 드는 사람을 찾아가는 이벤트이다. 익살스런 사회자가 마이크를 들고 1번 남자를 앞

에 세우더니

"자~ 남자 1호분과 짝이 되고 싶은 여자 분은 헤엄쳐서 가세요."

참 짓궂은 사회자다. 과연 아가씨의 고고한 자존심을 접고 물에 풍덩 뛰어들 여자가 몇 명이나 있을까? 아무도 헤엄쳐서 가지 않는다면 저 총각은 또 얼마나 민망할까. 마치 내 아들이 그 자리에 선 것처럼 조바심을 내고 있는데 아리따운 한 처녀가 촌치의 망설임도 없이 첨벙 물속으로 뛰어들었다. 긴 머리카락을 미역처럼 너울너울 풀어헤치고 짝을 찾아 헤엄쳐가는 모습이 인간적이면서 과감하다. 바짝 긴장하고 섰던 1번 총각이 함박웃음을 웃으며 물속의 여자를 손잡고 끌어올려 준다. 옷이 달라붙어 민망해하는 아가씨를 제 사람이라도 된 양 수건으로 닦아주며 스스럼없이 서비스를 한다. 하지만 아가씨는 자존심을 구긴 것이 부모님에게 미안한지 우리 아버지가 이 모습을 보면 얼마나 속상해 하겠느냐며 죄송한 표정을 짓고 있다.

명문대 졸업반인 그녀는 이미 수많은 경쟁을 물리치고 대기업에 취직이 된 상태인데 막간을 이용해서 공개 데이트에 참여했단다. 일주일 동안 상대를 바꿔가며 남자를 탐색하는 그녀의 태도가 자못 어른스럽다. 상대에 따라 다정한 연인이 되었다가 귀여운 여동생이 되었다가, 스스럼없는 친구가 되기도 해서 폭이 넓고 심지가 깊어 보인다.

그녀는 최종적으로 치과의사와 사업가인 노총각, 고졸 출신인 자동차 정비공으로부터 선택을 받았다. 거리에 나서면 흔히 마주치는 평범한 얼굴이지만 어딘가 모르게 사람을 끌어들이는 흡인력이 있다. 요즘 흔히들 반경어로 "안녕하세요?" 가볍게 인사하는데 그녀는 깍듯이 "안녕하십니까." 인사를 해서 경어에 익숙지 않은 젊은이들이 빵 터지게 한다. 지적이고 예절바르고 참신한 신붓감이어서 부럽기까지 하다.

애정촌에서 일주일간 함께 지내면서도 남자들의 관심을 전혀 받지 못하는 아가씨도 있는데 그녀는 인간미가 넘쳐서 세 남자로부터 선택을 받았다. 보편적인 생각으론 수준이 비슷한 치과의사와 어울릴 것 같은데 그녀의 최종선택은 엉뚱하다. 앞길이 탄탄해 보이는 전문직 의사도, 재력이 당당한 사업가도 아닌 자동차 정비공을 선택했다. 그녀는 재력도 학벌도 직장도 내세울 것 없어 기가 죽어 있는 정비공을 생각하면 왠지 눈물이 난다고 했다.

어느 날 밤에 그녀는 정비공 남자에 대해서 숙식을 함께한 아가씨들과 토론을 하는데 모두들 나이답지 않게 생각이 깊고 진지하다. 제때 못한 대학공부는 앞으로 야간대학을 가서 얼마든지 할 수 있고, 직장도 노력하기에 따라 바꿀 수 있지만, 타고난 인성은 쉽게 바꿀 수 없다고 의견을 모은다.

하기야 그녀의 어머니가 애정촌에 와서 "너의 아버지가 학벌 보고 고르지 말고, 직업 보고 고르지 말고, 인성을 보라 했다." 조언을 했지만 어디 학벌과 직업을 묵살하기가 그리 쉬운 일인가.

탐스럽게 주렁주렁 열린 과수나무를 외면하고, 땡감 몇 개 달린 왜소한 나무에 인생을 걸 수 있을까? 싶지만 그녀의 생각은 기특하다. 그녀에게 선택 받은 정비공 청년은 처음의 기죽은 모습과는 전혀 다르게 광채 나는 눈빛을 보인다. 감격의 눈물을 닦으면서 연신 웃음을 감추지 못한다. 다정스레 짝의 손을 잡고 환하게 웃는 얼굴이 전생에서부터 인연인 듯 썩 잘 어울린다.

기특한 아가씨를 보며 나의 지난 날을 떠올린다. 꽃다운 시절에 굴지의 대기업에 근무하는 앞날 창창한 청년과 편지로 사귀었는데 아버지의 반대로 헤어져야 했다. 그 청년의 숨은 기량은 탐색하지 않고 환경에 더 많은 무게를 두고 인연을 끊게 했다. 부모님의 주관대로 인연을 맺었지만 행복은 아주 저 멀리 날아가 버렸다.

 속 깊은 그 아가씨와 정비공 총각이 결혼하길 간절히 바란다. 밥상 앞에 마주 앉아 생선 살 발라주며 오순도순 살아준다면 대리만족이라도 할 것 같다. 부디 서로를 아껴주며 깨소금 냄새 솔솔 풍기며 살아 주었으면 한다. 집집마다 과년한 처녀, 총각 때문에 고민하는 이 시대에 〈짝〉을 제작한 방송국에도 힘찬 박수를 보낸다.

곁가지

저녁 햇살이 길게 누운 매화 밭을 서성대고 있다. 앙증스러운 저 꽃송이를 찻잔에 띄우면 어떨까. 몽실한 가지 하나 슬쩍 꺾어 내 서가에 걸어두면 무딘 글에도 향이 배일까. 주인 없는 매화 밭을 거닐며 부질없는 욕심을 부리자니 까칠한 가지 하나가 발목을 찌른다. 주위를 살펴보니 전지당한 곁가지들이 밭고랑에 수북하다. 누구는 이 봄날 향기로운 꽃봉오리를 맺는데, 누구는 잘려나가 시들시들 말라가고 있다. 나뭇가지나 사람이나 곁가지로 돋으면 언젠가는 잘려나가야 하는 신세가 된다. 그 여인도 저 매화나무의 곁가지처럼 시들시들 말라가고 있을까. 필요하다고 불러들였다가 볼 장 다 봤으니 돌아가라는 매정한 처사에 눈물지었을 그 여인이 곁가지에 겹쳐진다. 배신당한 서러움에 얼마나 많은 밤을 울며 뒤척였을까.

포플러 이파리가 고기비늘처럼 반짝이던 초여름 어느 날, 소녀는 할머니를 따라 오일장에 갔다. 북적대는 인파들을 밀쳐가며 고등어와 재첩조개를 산 할머니가 장터 옆 버드나무 그늘 아래서 좀 쉬어 가자 하셨다. 왁자한 장꾼들 틈에서 할머니를 놓칠세라 치맛자락을 잡고 따라 다닌 탓에 얼굴이 발갛게 달아오른 손녀에게 펄럭펄럭 단선을 흔들어 주셨다. 선선한 부채바람을 마시며 사탕을 굴리고 있는데 저만치서 수더분한 아주머니 한 분이 다가와 반갑게 인사를 했다. 할머니도 반가웠던지 만면에 웃음을 지으며

"어째 사노? 몸은 성하나?"

"마 그럭저럭 지냅니더." 건성으로 답을 하고는 이내 소녀에게 시선을 주었다.

"아이고~네가 벌써 이만큼 컸나. 할머니 따라 장에 왔구나."

꺼칠한 손으로 나실한 소녀의 머리를 쓰다듬더니 큰 눈에 눈물이 그렁그렁 고였다. 그 여인은 할머니가 볼세라 돌아서서 눈물을 훔치면서도 소녀를 향해 연신 웃음을 지었다. 가무잡잡

한 피부에 추레한 옷차림이 귀천 없어 보이는데, 무에 그리 좋은지 자꾸만 웃어 주었다. 아픈 속내를 감추려고 작정을 했는지 이유 없이 싱겁게 웃는 모습이 철없는 소녀의 눈에도 슬퍼보였다. 그 순간 할머니가 간간이 들먹이던 '곡천 꺼'라는 호칭이 언뜻 떠오르긴 했지만 어떤 관계인지 기억이라곤 없었다. 그냥 말똥말똥 쳐다보다가 부끄러워 고개를 숙였다. '곡천 꺼'라는 호칭은 할머니가 그녀를 낮춰 부르던 택호이다.

　원가지가 나약하면 시샘하는 곁가지를 두어 튼실하게 세우는 비법이 있긴 하다. 하지만 그건 어디까지나 원가지를 튼실하게 키우려는 방편이지 곁가지를 배려하는 너그러움은 아니다. 매화농장 주인도 잔설이 녹지 않은 이른 봄부터 나무들의 동태를 살폈으리라. 찬바람에 삐죽삐죽 돋아나는 곁가지들을 울 삼아 두었다가 원가지에 물이 차오르고 꽃눈이 보일쯤에야 전지했을 터이다.

　소녀의 어머니는 우연히 병을 얻어 시난고난 누워만 지냈기에 집안 살림은 할머니가 주도하셨다. 나날이 병세는 깊어 가는데 온갖 약을 동원해도 약발이 받지 않아 참다못한 할머니가 무속인을 찾아갔다. 점쟁이 왈, 소실을 들여놓으면 본댁이 병을 털고 일어날 것이라고 했겠다. 그 말에 작은댁을 수소문했고 마침 멀지 않은 곳에 홀로 된 과수댁이 있어 인연을 맺었단다.
 그녀는 병석에 누운 본댁이 일어나도록 처방하는 차원에서 불러들인 곁가지였던 셈인데 한솥밥 먹고 살면 정이 들게 마련이다. 한데 임시로 가족이 되어달라고 했다니. 그건 처음부터 잔인한 부탁이었다. 그녀는 서러운 자리를 밥이라도 배불리 먹으려고 왔는지 소녀의 아버지가 좋아서 왔는지 내심은 알 수 없다.
 무속인의 말은 헛것이었다. 그녀가 들어온 이듬해 본댁은 세상을 떠났다. 젊은 죽음은 슬펐지만 그녀에겐 크나큰 반전의 기회였을 터이다. 서러운 곁가지 신세에서 원가지로 격상될 절호의 기회가 왔는데 어찌 설레지 않겠는가. 유교를 숭배하는 가장에게 불공을 드려 아들을 낳자며 애원했고, 대찬 시어머니의 비위를 맞추느라 입에 혀같이 굴었다고 한다. 하나 조선시대 관습을 맹종했던 어른들은 혼사에 대한 가치관이 흔들리지 않았다. 자식을 낳고 제사를 받들 며느릿감은 반듯한 양가에서 자란 순결한 처녀라야 했다. 그녀가 정성을 다하여 본댁의 딸을 보살피고 어른을 모셨지만 원하는 후처의 자격은 갖추지 못했다.
 본처의 일 년 상이 끝나자 어른들은 새 혼처를 수소문했다.

후처가 되고 싶어 애면글면 매달리는 여자를 두고 혼담이 오갔다니 그녀의 속이 어땠을까. 본댁의 장례와 재처의 신행까지 묵묵히 치르고야 발길을 돌렸다니 가련하기 짝이 없다. 시린 계절에 원가지와 함께 눈비를 맞고 견뎌낸 매화나무 곁가지를 무참히 쳐낸 농장 주인처럼 그녀도 그렇게 잘려 나갔다.

재봉틀 한 대와 약간의 지참금을 받고 돌아서던 그 여인이 힘든 말을 하더란다. 소녀를 맡아 키우고 싶다고. 어린것이 갓 시집온 계모의 눈에 가시같이 보일까봐 그랬는지, 소녀의 아버지와 그늘에서나마 정을 이어가고 싶었는지는 알 수 없지만 오죽 미련이 남았으면 배신자의 딸을 키우려고 했을까. 그 청마저 거절당하고 계면쩍게 돌아섰을 그 여인에게 미안하다. 결혼에 실패한 여자면 어떤가. 살아보니 허울 좋은 양반보다 마음 씀씀이 따뜻하고 속 깊은 사람이 더 좋던 걸.

원가지만 열매 맺으라는 법은 없다. 내팽개친 곁가지도 토질 좋은 땅에 꺾꽂이 하면 하얀 뿌리내리고 새순을 움 틔울 수 있다. 무참히 잘려나간 곁가지에도 보란 듯이 탐스러운 열매 맺고 옛말하며 살 수 있다. 몇 년 후 그 여인이 어느 가문에 들어가 아들을 낳았다는 소문을 듣고 누비처네를 사들고 찾아갔다는 사연은 망연자실할 일이다.

먼저 돋은 원가지가 부실하면 곁가지가 열매 맺고 어우렁더우렁 살았으면 좋았을 걸. 어미 잃은 소녀를 업고 밤을 지새우며 달래더라는 그 여인을 찾고 싶다. 소녀를 얼마나 애처롭게 생각했으면 장터 먼발치에서 보고 찾아와 눈물 훔치며 쓰다듬었겠는가. 사탕을 물고 한번 웃어주지도 못했던 게 죄송하다. 지금쯤 어느 곳에서 호호백발 늙어가고 있을까. 모진 세월 겪은 탓에 이승을 떠나고 말았을까. 만약 살아계신다면 밥상 앞에 마주앉아 향기로운 술 한 잔 올리고 싶다. 그때 얼마나 서러웠느냐고 껴안아 드리고 싶다.

전지당한 가지들의 슬픔이 운무처럼 서려 있는 매화 밭에서 그 여인의 아픔을 내가 보듬는다. 일락서산의 붉은 낙조가 말라가는 곁가지를 어루만진다. 매화꽃 송이마다 안개가 서린다.

껍데기

    무공해 채소를 고집하다 김장배추를 그르쳤다. 약을 치지 않아 벌레들이 갉아먹은 무지렁이 배추들을 비닐로 덮어 두었는데 겨울바람이 세차게 부는 날엔 배추 생각에 마음이 편치 않다. 맹추위가 기승을 부리는 날 얼고 있을 배추 밭을 찾아갔더니 밭고랑을 뒤덮은 서릿발의 기세가 대단했다. 추위 속에서도 한두 포기 살아있는지 비닐 속을 들여다봤더니 아니! 이럴 수가. 누렇게 말라붙은 마른 배추 껍데기가 무슨 힘이 있다고 시원찮은 속을 여태 감싸고 있다니.

    배추 껍데기의 몰골 위로 불현듯 애면글면 자식 걱정하시던 어른의 환상이 어른거린다. 귀는 절벽이고 얼굴과 손등에 저승꽃이 뒤덮인 아흔을 넘긴 어른도 자식을 감싸는 마음만은 끝끝내 내려놓지 못하셨다. 간간이 손자들이 문안드리러 갈 때면 간곡한 어조로

"○○아, 내가 죽거든 너거 아부지 좀 돌봐 주거래이, 꼭 부탁한다."

그 말씀을 아이에게서 전해 듣던 날 나는 온몸으로 신열을 앓았다. 오대 독자로 내려오던 자손 귀한 가문에서 공들여 얻은 자식이기에 금지옥엽처럼 귀했으리라. 들면 날아갈까, 쥐면 꺼질까 노심초사 불안하게 길렀으리라. 그렇게 키운 자식을 일락서산에 다다른 어른이 손자에게 당부를 하시다니. 지조가 강하신 어른이 그 힘든 부탁을 하기까지 얼마나 망설였을지 나는 짐작으로 안다.

그는 조모님과 부모님, 그리고 위로 동떨어진 누나 두 명 사이에서 샛노린 배추속대처럼 자랐다. 온 집안의 총애를 받아서인지 입이 짧아 밥알을 세며 먹었다 한다. 교직에 계시던 큰누나는 집에 돌아오면 동생을 업고 초량시장 소문난 국수집으로 가는 게 일과였다. 눈이 동그란 동생을 의자에 앉혀 두고 가락국수를 돌돌 말아 배가 봉긋해질 때까지 먹여서야 집으로

데려오곤 했다.

할머님은 귀둥이 손자가 밖에 나가 놀면 골목대장에게 맞을까봐 대문 밖을 못 나가게 하셨고, 어쩌다 동네 아이들에게 맞고 들어오면 나가서 맞았다고 골목이 시끄럽도록 야단을 치셨다. 이웃에서 가져온 잔치 떡이나 엿은 죄다 손자의 몫이었고, 새벽바람에 이고 오는 재첩국 장사는 매일 그 집 앞에서 파란 부추 한 줌을 얹어 한 냄비씩 팔고 갔다. 그는 쇠고기에 밥 볶아 재첩국을 들이켜며 몸피를 키운 여린 사람이었다.

불혹의 나이에 아들을 얻은 부모님은 마음이 바쁘셨다. 취학 연령이 채 되지 않은 아이를 입학 시켜두고 또래 아이들에게 맞을까봐 전전긍긍이셨다. 등교시간엔 일하는 순이를 딸려서 보내놓고 다른 아이와 싸우면 방패막이가 되게 했다. 그는 두꺼운 껍데기에 파묻혀 바깥의 거친 바람과 찬 공기를 어떻게 헤쳐 나가야 할지 모르게 길러졌다.

명석한 작은누님은 동생이 중학교에 진학하자 과외 선생님을 초빙했다. 2층 다다미방에서 과외수업을 하는 시간엔 모두 일층으로 피해 주며 파리 한 마리 얼씬 못하는 성역 같은 분위기를 만들어 주곤 했다. 그렇게 온 식구가 성적 올리기에 심혈을 기울였으나 아이는 공부를 게을리했다. 매를 들라치면 눈에 핏

발을 세우고 울어서 숨 넘어갈까봐 매질을 거둬야 했다. 안절부절못하고 키운 자식은 고분고분 말을 듣지 않았다. 그때부터 부모님의 속이 누렇게 뜨고 배추 껍데기처럼 바싹 말라가고 있었다.

사대문 안에 드는 대학을 겨우 보내놓고 등록금과 하숙비와 잡비 마련하느라 허리띠를 졸라매고 장사를 하셨다. 장을 담그는 봄철이면 소금자루가 가게에 산더미처럼 쟁여져 손등이 터지면서 팔았고, 여름철이면 밀가루 포대를 켜켜이 쌓아두고 산복도로의 가난한 사람들에게 팔아서 자식의 대학 사 년을 마쳤다.

그는 잘 풀린 누나들의 인맥으로 굴지의 회사에 취직했고 결혼까지 무난히 마쳤다. 하지만 성인이 된 그는 노란 속대에서 벗어나 껍데기로 변해야 할 때를 알지 못했다. 외양은 분명 퇴화된 껍데기임에도 책임과 의무가 결여된 만년 속대일 뿐이었다. 한낱 푸성귀인 배추 껍데기도 속을 감싸 안는 기능이 있는데….

그를 온실처럼 감싸던 혈육들은 모두 세상을 뜬 지 오래다. 보호막이라곤 죄다 사라진 속대가 홀홀히 서서 석양에 부는 거친 바람을 맞고 있다. 그를 껍데기라 믿고 태어났으나 보호 받지 못하고 자란 아이들이 되레 그의 껍데기가 되어 감싸고 있다. 치아를 해주고 최신형 텔레비전을 달아주고 간간이 용돈도 보내주면서 조부님의 뼈아픈 부탁을 잊지 않고 실행하고 있다.

껍데기는 너무 두꺼우면 속이 제 기능을 잃어버리는가 싶다. 적당히 감싸다가 속잎이 청청해질 무렵이면 일부러라도 나약한 척 엄살을 부려야 속잎이 바로 서게 됨을 그를 보며 배운다. 누렇게 뜬 배추 껍데기가 가고 없는 그분을 절절히 그립게 한다.

다정이 낳은 덫

보증을 서 준 대가로 남의 빚을 갚는다는 건 도를 닦는 수준이다. 그나마 여윳돈이 있어 일시불로 갚아 버리면 잊을 수나 있지만, 매달 가장의 월급에서 타인의 빚을 변제하는 일은 죄송하고 염치없어 피가 마를 일이다. 그것도 자그마치 10년 동안이나. 그러잖아도 궁핍한 살림살이에 아내가 보증 빚까지 덤터기를 섰으니 원망은 오죽했으며 자책은 또 얼마나 깊었을까. 그로 인해 가족에게 맛난 음식과 좋은 옷은 물론이고 뜨끈한 구들목에 발 한 번 넣지 못했다는 시어머님을 생각하면 지금도 속이 상한다. 빚을 갚느라 고생하다 가신 어머님께 세상의 맛을 여쭤

보면 주저 없이 소태맛이라고 하실 것 같다. "남은 못 믿는다. 돈은 절대 빌려 주지 말라."는 말씀을 실이 녹도록 하다 가셨다. 어머님의 빚보증 사건은 해방이 막 되고 난 어수선한 시대에 일어났다.

어느 날 자야 엄마라는 분이 신용도가 높았던 어머님께 헐레벌떡 찾아왔다. 일본에서 물건을 가져오다가 세관에 걸렸다고 어디 돈 빌릴 곳이 없느냐고 발을 동동 굴렀다. 평소 친분이 두터운 이웃의 위기를 그냥 볼 수 없는 어머님은 뜰 안에 아름드리 노송이 비스듬히 누운 적산가옥을 찾아가서 당신의 신용으로 돈을 한 보따리 빌려다 주었다.

돈이란 원래 앉아서 주고 서서 받는다는 말이 정답이다. 일단 건너가면 그때부터 받을 때까지 근심 덩어리가 된다. 그런 걸 알면서도 일이 꼬이려면 거래를 하게 되는 게 인생살이다. 돈보따리를 받은 자야 엄마는

"성님, 걱정 마이소, 이 돈은 이삼 일 안에 꼭 나와예."

뒤도 돌아보지 않고 치맛자락을 펄럭이며 사건 수습하러 가더니 웬걸, 서슬이 시퍼런 법의 그물망에 철커덕 걸리고 말았다. 하늘이 노랗게 보일 일이었다.

그로 인한 낭패는 고스란히 어머님의 어깨 위에 얹혔다. 빌려

다 준 한 보따리의 거금을 어찌 갚는단 말인가. 남 도우려다 당신 가정이 물밑으로 가라앉을 위기에 처했다. 배에 구멍이 나면 온 가족이 물을 퍼내고 막아야 살아날 수 있듯, 오지랖이 넓다는 질책과 원망은 접어두고 빚을 갚기 위해 온 가족이 머리를 맞대고 긴축경제계획을 세우셨다.

아버님은 하루아침에 술 담배를 끊으셨고 꽃다운 나이의 형님도 나들나들한 치맛단을 늘려 입고 단벌로 학교를 나갔으며 어머님은 작은 가게를 얻어 밀가루 장사를 시작하셨다. 아버님과 형님의 월급은 받아오는 그 순간부터 보증 빚 변제용으로 쓰였고 어머님의 밀가루 장사 수입으론 생계를 연명하셨다. 새벽부터 직장에 출근해서 이 눈치 저 간섭받으며 받은 급여를 10년 간 타인의 빚 갚는 데 몽땅 넣었으니 피가 솟구칠 일이었다. 시조모님은 여름과일의 백미인 수밀도를 아주 즐기셨다는데 그해부터 사다 드리지 못한 게 한으로 남아 아버님은 생전에 복숭아를 드시지 않았다.

10여 년간 가족모두가 근검절약해서 빚이 거반 줄어들었을 즈음, 어머님께서 일등급 밀가루 한 포를 이고 전차비를 아끼려고 타박타박 걸어서 채권자의 집을 찾아가셨다. "염치없지만 나머지 빚을 이 밀가루로 대신 받아 주시면 큰 은혜로 생각하겠습니다." 언감생심이지, 그건 채무자의 생각이고 채권자는 예상만큼 녹록지 않는 사람이었다. 말도 떨어지기 전에 홱 돌아앉으며 그 밀가루 도로 이고 가라고 냉대를 퍼부었다. 원래 채권자와 채무자는 마주 보기 힘든 관계이지만 예상을 빗나간 상황이 되어버렸다. 다시 강력분 20Kg를 이고 대신동에서 수정동까지 돌아오는 길은 땀이 비 오듯 흘러내리고 다리가 후들거려 몇 번을 쉬었다고 당시의 심경을 종종 말씀하셨다. 고개는 얼마나 아팠으며 세상이 얼마나 을씨년스럽게 느껴졌을까.

어머님께 밀가루는 한 많은 그 무엇이었다. 연명하는 양식인 반면 빚을 갚기 위한 은혜로운 산물이었다. 양심 바르게 살다보면 좋은 날도 있는 법이다. 긴 세월 밀가루 장사로 무거운 빚을 죄다 갚고 턱 하니 아들 집도 사주셨다. 만약 '살아온 길 경연대회'가 열린다면 나는 서슴없이 어머님이 살아오신 길에 표제 '양심과 헌신으로 산 길'을 붙여 응모작으로 출품하고 싶다.

뻥 뚫린 고속도로도 아니고 아스팔트가 반질하게 깔린 국도도 아니다. 칡넝쿨 가시덤불 우거진 험난한 산길이다. 그 길에서 동행자가 덫에 걸려 살려달라고 애원하자 타인을 구하려다 당신이 되레 걸려 버렸다. 긴 세월 자신의 피를 흘리면서 꿋꿋이 헤쳐 나오신 어머님의 길을 크게 자랑하고 싶다. 아마도 심사위원께서도 어머님의 길에 손을 번쩍 들어 주실 것만 같다. 보증 앉은 죄로 십여 년간 타인의 빚을 갚는다는 건 흔치 않은 일이니까.

  어두운 시대에 보증 빚 갚느라 고생하신 어머님과 가족들의 영혼 앞에 깊은 위로의 말씀을 드린다. 아울러 연대보증을 없앤 현재의 정책에도 감사를 드린다.

돌아갈 수 없어 다행이다

고흐의 그림 〈밀 짚단〉을 보고 있다. 알곡이 오달지게 붙은 밀 짚단 세 개를 한데 묶어 빈들에 세워놓았다. 세계적인 명작 〈밀 짚단〉을 감상하는데 왠지 내 눈엔 고단한 내력만 어른거린다.

밀알은 많은 종자를 얻기 위해 제 한 몸 썩히는 것쯤이야 아무것도 아니란 듯 견뎠으리라. 서릿발 세운 겨울 밭에서 시린 발을 동동 거리며 잔뿌리를 키웠고, 봄비를 흠뻑 들이켜며 키를 키워 양분을 자아 올렸을 테다. 빈 대궁으로 바람에 휘청거리면서도 알곡만은 토실하게 영글기 위해 무진 애를 썼을 터이다.

나는 지금 그림 앞에서 옹골찬 밀단을 탈곡기에 들이대는 작업을 상상한다. 순식간에 알곡은 떨어지고 빈 짚단만 남는다. 내 허리마저 쭉 펴지는 느낌이다.

몇 년 전, 큰아들이 결혼해서 분가를 하자 지인들에게서 허전하지 않느냐고 심심찮게 전화가 왔다. 그럴 때마다 서슴없이 "속이 시원하다. 훨훨 날아갈 듯하다."고 명쾌한 답을 했더니 "좀 맥 빠진 목소리로 말할 수 없나? 아들이 들으면 서운하겠다."고 질책을 했다. 그들은 혼기를 넘긴 서른 중반의 아들을 한 집에서 보는 게 얼마나 힘든 일인지 모르는 성싶다. 난들 삼십 년 넘게 한솥밥 먹고 지낸 아들의 빈자리가 왜 허전하지 않을까. 텅 빈 아들 방을 하릴없이 들락거리며 남겨둔 옷가지에서 체취를 맡기도 하고, 해가 저물면 퇴근하는 발걸음을 공연히 기다리기도 한다. 혹한에 강변을 걸으며 마른 나무 우듬지 위에 얹힌 까치집을 쳐다보며 아들 집도 저처럼 추울까 괜한 걱정도 한다.

짝을 만나 제 둥지로 날아갈 때가 되면 보내야 마음이 편하다. 책임과 의무를 훌훌 벗어버린 어깨가 이렇게 홀가분할 수 없다. 움츠렸던 내 어깻죽지가 펴지는 느낌이다. 이젠 어딜 가도 걸림 없이 떠날 수 있다. 불의의 교통사고를 당하거나 심장

마비로 이 세상을 떠난다 해도 눈 감고 갈 수 있어서 좋다.

친구들과 차를 마시면서 딱히 할 말이 없으면 이런 말을 내뱉곤 한다.

"누가 나에게 마술을 걸어 젊은 날로 돌려보내 준다고 하면 절대 응하지 않겠다."

잠재의식 속에 가득 채워진 편안함이 발설기관을 통해서 스스럼없이 나오곤 한다. 빈 대궁 같은 몸으로 자식을 키워내는 게 버거웠다. 바람결에 휘청거리면서도 뿌리만은 뽑히지 않으려 애를 썼고, 체관을 통해 이삭을 살찌우면서도 쭉정이가 될까 봐 걱정했다. 아이들이 자라면서 귀여운 짓도 많이 했지만, 사춘기를 거치면서 제 고집을 피워 속도 많이 끓였다. 나 또한 젊은 날은 생각이 깊지 못해 실수가 많았고 체험 없이 부딪쳐 상처도 많이 받았다. 학기마다 등록금과 하숙비 보내려면 허리가 휘청했고 혹시 나쁜 길로 들까봐 마음 놓을 수 없었다. 돌이켜보니 그런 게 쌓여 푸른 시절로 돌아가기 싫은가 싶다.

이젠 훌훌 털어버린 빈 짚단이 돌아갈 준비 기간이다. 열매를 맺고 수확하느라 정신없이 살다가 그냥 훌쩍 떠나기엔 조금 아쉽다. 혹사만 시키다 생을 마무리 하는 건 자신에게 미안하다. 만추는 풍요로우면서 한가하다. 이젠 휑한 들판에서 마른 풀잎

써걱대는 소리에 가슴 베어도 쓰라림이 덜하다. 홍시 빛 노을 홍건한 저녁하늘 바라보며 색조의 배합에 감탄하고, 끼룩끼룩 날아다니는 철새들의 자유를 부러워하며, 추적추적 겨울비 내리는 날엔 나목들의 시린 가지를 가슴으로 보듬는 여유가 있다. 물비늘 거칠게 이는 강물에서 헤엄치는 청둥오리를 보면 공짜 밥은 없다는 걸 늦게나마 깨닫기도 한다. 온전한 내 심장을 가동 시키며 사는 것이다.

곰팡내 나도록 묵혀둔 본연의 정서를 꺼내어 거풍을 시키며 사는데, 어느 날 아들이 찾아와 어머니는 무슨 재미로 사느냐고 물어왔다. 우울증이라도 생길까봐 걱정이 되는 모양이다. 그 말을 얼른 받아 "내 걱정 하지 마라. 너희들 갈무리 하고나니 날아갈 듯 홀가분하다. 나이 듦이 이렇게 좋은 줄 알았더라면 세월을 앞당길 걸 잘 못했다."

그 말이 신기한 듯 눈을 크게 뜨고 어미를 바라본다. 이해가 안 되는 눈치다.

나는 되레 갈 길 아득한 젊은이들이 안쓰럽다. 비싼 아파트 대출금 갚아야 하고 경쟁 치열한 직장에서 남보다 월등한 이윤 창출을 내야 하고, 금싸라기 같은 자녀 키우며 태산 같은 교육비를 감당해야 한다. 그리고 국민연금 고갈 운운하는 불안한 보장제도 때문에 노후준비까지 스스로 해야 하니 우리보다 훨씬 고달파 보인다. 젊은이들이 황막한 사막에서 모래바람 마시며 걸어가는 나그네들 같다.

나 빈 짚단은 결코 푸른 계절로 돌아가지 않겠다. 돌아갈 수 없어서 다행이다.

B氏의 봄날

 마을 앞으로 맑은 강이 흐르고 가을이면 노란 단풍이 넓은 강폭을 모두 덮어 내려가는 풍광 좋은 마을에 필체 반듯하고 문장 유려한 문학청년이 살고 있었다. 그의 눈빛은 항상 총명했고 손엔 시집과 장편 소설책이 번갈아 가며 들려 있었다. 그는 학업성적이 우수했고 축구며 배구까지 잘하는 청년이어서 면내의 여러 소녀들에게 흠모의 대상이었다. 흠이라면 그의 집이 가난하다는 것인데 감성이 풍부한 여학생들에게 그런 것쯤은 하등 문제가 되질 않았다.

 그가 입대한 후 여학교에서 보내오는 위문편지는 숨겨진 글

솜씨를 드러낼 좋은 기회였다. 의무적으로 쓴 위문편지 내용이야 간이 싱겁지만 그는 성의껏 답신을 보냈다. 한자를 드문드문 섞은 유식한 문장과 반듯하게 뻗은 필선은 순수한 여고생들이 반하기에 충분했고 심지어 여선생님까지 편지를 보내오기도 했다.

하지만 수많은 여학생들에게 진정성 있는 답신을 보내기엔 한계가 있을뿐더러 공부에 열중해야 하는 여고생의 마음을 빼앗는 게 죄스러워 서서히 끊고 말았다. 한데 유독 한 여고생이 보내지 말라는 권유에도 끈질기게 편지를 보내왔다. "아저씨는 답을 보내지 마세요. 제가 보내는 편지만 받아 주시면 돼요." 여고생의 되바라진 기질에 의아해하면서도 편지는 이어졌고 휴가차 내려온 귀향길에 만남이 이루어졌다.

그녀는 이웃마을에 사는 부유한 집 고명딸이었다. 가정환경이 좋은 데다 성적까지 우수해서인지 그녀의 행동은 거리낌이 없었고 자신감이 팽팽했다. 그 여학생은 이미 군인아저씨의 여의치 못한 가정 형편을 수소문해서 알고 있었기에 연민의 정을 품기 시작했다. '제발 저 군인아저씨의 휴가기간에 집에서 소 도축이 있기를' 염원했다. 한데 마침 그 청년이 먹을 복이 있었던지 간절한 바람이 이루어졌다. 동네사람들이 한 꾸러미씩 나누어 가고도 살코기와 사골과 살점 붙은 갈비뼈가 숙설간에 치면하게 남아 있었다.

두 가슴이 이스트 넣은 찐빵처럼 부푼 여고생이 왜 먹이고 싶은 모성이 발발하지 않았겠는가. '저 갈비 살을 삶아서 눈이 퀭한 군인아저씨께 실컷 먹이고 싶다.'는 생각이 굴뚝같았던가 보다. 그녀는 얼른 쪽지를 적어 까까머리 남동생에게 쥐여 주며 아랫마을 군인아저씨께 전하고 오라고 시켰다. "내일 오전 11시에 시내 H공원 옆 삼층집 앞으로 꼭꼭 오세요. 오시지 않으면 하루 종일 기다리겠어요."

그녀의 일방적인 약속은 하명에 버금갔고 막연히 기다리고 있을 그녀의 모습이 눈에 밟혀 지키지 않을 수 없었다. 정시에 만나자는 장소로 찾아갔더니 남동생과 함께 기거하는 자취방이었다. 초대한 군인을 방에 앉혀 놓고 부엌에서 그녀가 뭘 탕탕 두들기고 있었다. 군인 아저씨가 뭐하느냐고 물었더니

"오빠, 이 갈비뼈 좀 쪼아 주세요. 백철 솥에 들어가지 않아요."

남동생과 함께 삶아 먹겠다고 얻어온 갈비 살이 군인아저씨의 접대용으로 둔갑하고 있었다. 군인아저씨는 실소를 머금은 채 갈비뼈를 쪼았고 작은 백철 솥이 넘치도록 담아 뭉근한 연탄

불 위에 올려졌다. 군인과 여고생이 까까머리 중학생을 사이에 두고 고기가 익기까지 기다리고 있었을 그 짜릿한 풍경이라니. 그녀의 남동생이 있어서 다행이지 기특한 마음씀씀이에 감읍하여 꼭 껴안아 주고 싶었을 터이다.

어색한 분위기를 밀어내려고 잡다한 이야기를 하는 동안 갈빗살이 익었는지 구수한 냄새가 방으로 술술 밀려 들어왔다. 당찬 그녀가 대접이 넘치도록 갈비탕을 담아서 많이 드시라고 권했다. 그녀는 온전한 대접을 위해서인지 고기를 아예 못 먹는다 했고 중학생은 배가 불러 못 먹는다고 했다. 군인의 허한 속이 갈비탕 한 솥으로 거뜬히 채워졌다.

그날은 군인 아저씨의 모교인 N중학교 운동회 날이었다. 여고생의 머릿속엔 이미 군인아저씨와 함께 면민이 다 모이는 학교 운동장으로 데이트 하려는 계획을 잡고 있었다. "오빠, 우리 운동회 구경 가자." 소음인 체질의 양심 바른 군인에겐 감히 갈비탕 얻어먹은 공덕을 물리칠 수 있는 용기가 없었다.

두 사람이 기차를 타고 몇 정거장 거리의 시골 중학교 운동회를 가는 길이다. 여고생이 둘만의 공간을 갖기 위해 덜컹거리는 열차 이음새 부분으로 유도했고 팔짱을 끼더니 콩닥거리는 심장 뛰는 소리를 들려주었다. 그녀의 열정적인 기질이 용감한 군인을 압도하고 있었다.

　동해남부선 열차가 숨 가쁜 기적소리를 내며 달리더니 N역에 두 사람을 내려놓고 가버렸다. 가을 하늘은 눈이 시리도록 푸르고 교정으로 가는 길섶엔 코스모스가 무더기로 피어 그들의 일탈을 반겨 맞아 주었다. 그녀가 군인의 손을 잡고 유치원생처럼 앞뒤로 흔들며 걷자고 하자 모교 운동회에 아는 사람이 절반인데 여기서 이러면 안 된다고 타일렀다. 그러자 여고생이 "뭐 어때요, 오빠." 당차게 되받아쳤다. 하기야 군인을 자취방으로 초대해서 갈비탕을 끓여 먹이는 여고생이 남의 눈길쯤이야 아랑곳 하겠는가. 그녀는 생면부지 했을 땐 군인의 필체와 문장에 반했고 만났을 댄 용모까지 마음에 들었던가 보다.

　그녀가 군인아저씨께 갈비탕 한 솥을 대접한 것은 먹이고 싶은 여자의 모성애 때문일 터이다. 학생의 신분으로 여자의 본능을 십분 발휘한 그녀는 지금쯤 어떻게 변했을까. 듣는 내 가슴이 뜨끈해진다.

함월 선생님 작품

3부
J 선장님께

원판 불변의 법칙

 마취약이 스며들자 피부가 순식간에 굳어지기 시작했다. 메스로 자르고 가위로 도려내도 남의 살갗을 도려내듯 아무런 감각이 없다. 의사와 간호사는 처진 눈꺼풀 수술쯤은 붕어 배 따는 것만큼 쉬운 일인지 수술과는 상관없는 대화를 연신 주고받는다. 긴장감이라곤 없어 수술대에 누워서도 제대로 하고 있는지 걱정스럽다. 그러잖아도 표 나지 않게 살짝 걷어낸다는 말이 걸렸는데 느슨한 분위기를 틈타 한마디 끼어들었다. "너무 작게 잘라낸 건 아닌가요?" 그 말을 듣던 의사가 도려낸 부위를 보여주며 이 정도 잘랐으면 시원한 눈이 될 거라고 한다. 눈썹이

듬성듬성 붙은 탄력 잃은 내 피부가 꼭 돈피를 닮았다.

'이젠 사진을 찍어도 감긴 눈은 아니겠지.' 안도의 숨을 쉬는데 절개 부분을 봉합하면서 간호사에게 설명하는 소리가 귓전을 때린다. "성형수술에도 원판 불변의 법칙은 있다."고. 그렇다면 원판이 못생긴 사람은 수술해도 큰 효과가 없다는 결론이다. 순간 마음 언저리에 쑥스럽게 차지한 작은 기대감이 코를 움켜쥐고 휙 빠져나가는 듯하다. 맞는 말이다. 집수리도 그렇지 않던가. 뼈대는 그대로 두고 도배와 장판을 깔고 페인트칠을 하고 전등까지 갈아 봤자 집은 그 집이다. 산뜻할 뿐 원판을 못 알아보는 건 아니었다.

원판 불변의 법칙은 성형외과 의사들께만 쓰이는 용어가 아니었다. 그건 잊고 지냈던 인연 찾기에도 정말 요긴하게 쓰였다.

오스트리아 여행을 마치고 다시 체코의 프라하로 가려는 참이었다. 아침 일찍 호텔로비에서 전세버스를 기다리고 있는데 또 그녀가 다가왔다. 여행 첫날부터 어디서 본 듯하다며 틈틈이 말을 걸어온, 나보다 십 년은 젊어 보이는 여인이 나를 향해 "혹시 범어사 법당에 나가십니까?"

여행의 막바지라 헤어지기 전에 궁금증을 풀어야겠다는 의도

때문인지 질문 속에 초조함이 잔뜩 묻어 있었다. 다른 절에 나간다고 했더니

"그러면 동래 컨트리에 공치러 오십니까?"

골프채도 잡아보지 못한 나에게 던진 고급스런 질문이라 웃음이 나왔다. 대답 대신 고개를 저었더니 고추 먹는 소리로 말문을 닫는다. 여행사의 주선으로 같은 팀이 되어 만났지만 볼프강 호수에서 유람선을 탈 때도, 배에서 내려 기념품 가게를 기웃거릴 때도 그녀는 살갑게 내 곁을 맴돌았다. 소금으로 만든 양초꽂이를 사면 센스 있는 선물을 산다 하고, 한기가 들어 어깨에 숄을 두르면 호수 물빛과 너무 잘 어울린다며 칭찬을 아끼지 않았다.

여행기간 내내 호감을 보여준 성의가 고마워서 오늘은 무심히 넘길 수 없다는 생각이 들었다. 나 역시 저 여인과 어디에서 인연의 고리를 맺었는지 촉수를 세워봤지만 더듬이가 쉽게 돌아나지 않았다. 한데 오늘은 함께 수수께끼를 풀어야겠다는 의무감이 발동했다. 한국 사람은 다섯 단계만 그치면 모르는 이가 없다고 하지 않던가. 거주지, 나이, 직업, 학연, 고향 등을 훑어가다 보면 걸려드는 교집합이 반드시 나온다고 한다. 일행들로부터 그녀의 내역을 얼핏 들은 바가 있어 수학문제를 풀 듯 대

입법을 적용시키기로 했다. 그녀와 같은 연령대의 수준이 비슷한 친척 조카 이름을 대면 의문이 풀리려나? "혹시 서○○를 아십니까?"

사람이 흥분하면 음성이 높아지고 고유의 품위도 잠깐 내려놓는 법이다. 열흘 간 함께한 그녀의 이미지는 지성과 교양을 갖춘 우아한 여성이었다. 여행 중에도 나처럼 운동화를 신지 않고 가벼운 트렌치코트에 단화를 신고 다녔다. 그토록 품위를 갖춘 여인이 찰나에 그녀답지 않게 돌변했다. 잽싸게 말을 받아 '서○○'가 자기의 고종사촌이라고 높은 톤으로 숨 가쁘게 답하는 게 아닌가.

어릿한 게 당수 구단이라고 나의 추측이 단번에 명중을 했다. 해답이 명쾌하게 풀렸다. 내 입에서 참으로 오랜만에 그녀의 이름이 크게 터져 나왔다. 그녀가 초등학교 오학년 때 그의 집에서 이틀 밤을 지내며 결혼 준비를 했다. 친척 올케인 그녀의 어머니가 나를 중매한 분이다. 그때 어린 초등학생이었던 그녀가 조숙하게도 날 보고 오대 독자에게 시집가는 걸 못 마땅하게 생각했다. 책상 앞에 앉아서 "나 같으면 그런 데 안 간다."고 단호히 말하던 당찬 모습이 되살아났다. 그때의 통통하고 귀여운 모습은 흔적 없이 사라지고 눈가에 잔주름이 생긴 중년여인으로 여기서 나타나다니!

　옆에서 예의주시하던 그녀의 남편이 이역만리 동유럽에서 낯선 여자가 아내의 이름을 부르자 눈이 휘둥그레졌다. 그녀가 내 손을 잡고 남편 앞에서 달뜬 목소리로 우리 아지매라고 소개하자 대면 대면하게 지낸 관계를 풀고 고개를 숙여 정중하게 인사를 나누었다. 일행들도 더디어 궁금증을 풀었다고 박수로 환호해서 호텔 로비가 왁자해졌다.

　사십 년간 퇴화된 내 모습 어딘가에 일그러져가는 원판이 조각 달만큼 남았던가 보다. 그래서 끈질기게 확인하고 싶었나 보다. 그녀와 나는 원판 불변의 법칙으로 머나먼 동유럽에서 사십여 년 만에 재회했다.

내 가슴의 판화

　혈육이 아니어도 사무치게 그립다. 안과 밖이 뭉쳐지지 않아 허둥거릴 때면 썰물에 드러나는 여처럼 시아버님의 환영이 나타난다. 무릇 사람의 인품은 구천으로 떠난 후에라야 그 가치가 재조명되는 걸까. 내 안에 새겨진 어른의 인품을 그려보면 참된 길이 어느 방향인지 이정표가 보인다.

　친구 분들과 어울려 마작이라도 두고 술이라도 한잔씩 드셨더라면 이렇게 가슴 아리진 않을 터이다. 당신을 위해 옷 한 벌 사 입고 해외여행이라도 다녀오셨더라면 이토록 회한에 싸이진 않을 터이다. 소싯적에는 호방한 성품이어서 지인도 많으셨다는데 위기에 처한 가정경제를 살리기 위해 단박에 술 담배와 친구를 끊으신 강인한 분이셨다. 시어머님이 실수로 선 빚보증을 갚기 위해 가게 안에서 다람쥐 쳇바퀴 돌 듯 살다 가신 당신의 생애가 못내 마음에 걸린다.

아버님은 신앙인이 아니셨다. 유가의 법도를 몸에 익힌 평범한 분이지만 식사시간이면 밥상 앞에 앉아서 경건한 자세로 묵념을 하셨다. 그리곤 첫술부터 간장 맛을 보면서 간장이 참 달다고 하셨다. 그건 밥상을 차린 사람을 치켜세우는 뜻이면서 한편 음식에 대한 고마움을 표하는 것이기도 했다. 조촐한 밥상 앞에서 진심 어린 통과의례가 끝나면 진수성찬을 받은 듯 귀하게 음미하셨다. 식사가 끝날 때까지 말씀이 없으셨는데 말을 하면서 음식을 먹는 것은 식사예절에 어긋난다고 생각하시는 듯했다. 혹시 국이 짜지나 않은지 여쭈어 보면 "짜면 적게 먹고, 싱거우면 간장 넣으면 된다. 그런 걱정은 하지 마라." 답을 주시곤 했다.

당신 스스로 새 옷 한 벌 구입하시는 걸 본 적이 없다. 자식들이 사다 드리면 어쩔 수 없이 입으셨다. 따님이 선물하는 고급스러운 옷보다, 내가 사다 드린 옷이 당신의 취향에 맞고 몸에 붙는다고 좋아하셨다. 어머님을 통해서 듣는 칭찬이지만 그럴 때마다 내 마음속에 별이 하나씩 돋는 듯했다.

그분은 새벽마다 약수터에 가시는 게 유일한 낙이셨다. 거기서 사귄 친구 분도 비슷한 성품이어서 유일하게 마음을 트고 지내셨다. 이북에서 피난 와서 수십 년을 홀로 지내는 그분은 귀한 선물이 들어오면 장롱 위에 얹어두고 통일이 되는 날만 기다린다고 하셨다. 그 안타까운 사연에 감정이입이 되어 목이 메던 모습을 나는 지금도 잊을 수 없다.

수밀도가 무르익는 오뉴월이면 아버님의 얼굴에 그늘이 드리워졌다. 시조모님이 좋아하시던 단물 흥건한 복숭아를 돌아가시는 그해엔 빚 갚느라고 못 사드렸던 게 회한으로 남았기 때문이다. 그게 죄스러워 생전에 복숭아를 드시지 않았다. 어쩌다 복숭아를 사면 아버님 몰래 먹어야 했기에 우리도 차츰 수밀도를 멀리하게 되었다. 남들처럼 지나간 과오나 허물을 훌훌 털고 마음 편하게 지냈으면 좋으련만 끝까지 속에서 후회하며 절을 삭히셨다.

제삿날이면 가게 문을 일찍 닫고 청결한 차림으로 제주자리에 서셨다. 그리곤 며느리에게 제수 장만한다고 수고 많았다는 인사부터 건네셨다. 영혼을 영접하는 마음도 지극해서 강신, 참신, 초헌, 독축, 아헌이 끝나면 수저를 두 손으로 받쳐 들고는 제수를 영혼 앞에 일일이 소개하며 많이 드시라고 권하는 게 아닌가.

"이건 어적이고 편이고 육적이고 나물이고 탕입니다."

많은 제관들이 모여 제례의 순서대로 형식에 치우치는 친정 제사를 보다가, 아버님의 진심 어린 제사예절은 나에게 깊은 생각을 하게 했다. 5대 독자로 내려온 가문이 조상님의 음덕으로 자손들이 번창하고 무탈하다며 고마움을 전하셨다.

호주머니 돈이 모가 닳도록 여문 어른이 며느리에겐 무척 후하셨다. 입덧이 심한 며느리에게 조갯살을 듬뿍 넣은 소문난 파전과 꿀을 잘박하게 묻힌 쑥단자며 새콤달콤한 홍옥사과 등 맛있다는 음식은 죄다 사다주시던 손길을 여태 잊을 수 없다. 심신이 나른한 임신부의 고달픔을 어떻게 하면 들어줄까 애태우던 고마움을 이제야 머리 조아려 감사드린다. 언젠가 내가 차 사고를 당해 입원했을 때였다. 다리가 불편한 어머님 대신 아버님이 날마다 간식을 챙겨 오셨는데 삶은 밤을 보늬까지 벗겨서 가져오시는 게 아닌가. 며느리의 얼굴에 상처를 들여다보시고는 흠이 될까 걱정하시던 얼굴이 어제인 듯 떠오른다.

아버님은 만년에도 침술을 연구해서 가족들의 건강을 보살필 만큼 학구적인 분이셨다. 만약 의학을 공부하셨더라면 히포크

라테스의 선서대로 환자들을 마음으로 어루만지며 인술을 펼쳤을 것이다. 시절인연을 잘 만났더라면 정말 훌륭한 족적을 남겼을 분인데 내 작은 가슴에 판화로 남게 되어 안타깝다. 나는 십분의 일이라도 그분의 인품을 닮고 싶다.

J 선장님께

선장님!

저는 지금 휴대폰으로 망망대해를 유유히 전진하는 원양어선 한 척을 보고 있습니다. 남태평양에서 일 년간 참치조업을 마치고 귀항 길에 오른 광명87호 원양어선이라는군요. 저만치 떨어진 곳에선 보트 한 척이 가랑잎처럼 나부끼며 검푸른 파도에 표류하고 있습니다. 공산치하가 싫어 조국을 버리고 나온 월남난민들이 콩나물시루처럼 타고 있는 조각배입니다. 목선 한 척에 아흔여섯 명이 목숨을 걸고 바다에 뛰어들었답니다. 절체절명의 위급한 상황에서 거대한 선박이 지나가자 일제히 손을 흔들며 살려달라고 부르짖고 있습니다. 하나 원양어선은 못 본 척 앞만 보고 지나쳐 버리는군요.

　인접국에선 패망한 나라의 난민들이라고 받아주지 않았답니다. 자유를 찾아 나선 그들을 감싸 안기는커녕 본국으로 강제송환 시키려는 잔인함에 놀라 풀잎 같은 조각배에 몸을 실었답니다. 거친 바다의 횡포는 또 얼마나 험악한지요. 이웃나라마다 기웃거리다 쫓겨난 그들을 광명 87호마저도 지나쳐 버립니다. 앞만 보고 달리는 선박이 참으로 야속하다 싶습니다. 진종일 지나치는 선박에 매달리길 26번째랍니다. 모두들 기진맥진 널브러져 있습니다.

　급변하는 바다의 일기를 누구보다 잘 아시는 J 선장님의 마음이 어찌 편할 리가 있겠습니까. 심히 혼란스러운 J 선장님의 괴로운 모습이 스마트폰 영상으로 재현되고 있습니다. 거센 풍랑이 일면 언제 수장될지 모를 생명들을 그냥 지나치자니 도저히 양심이 허락하지 않나 봅니다. 선체가 일순 뱃머리를 휙 돌리는군요. 아우성치는 그들 곁으로 서서히 접근하고 있습니다. 대형선박과 조각배가 접선하는 장면을 보며 손에 땀이 맺힙니다. 세상은 아직도 따뜻하다 싶어 심장이 박동 칩니다. 선장님의 군두지휘 아래 선원들이 일사분란하게 움직이고 있습니다. 던져준 거물을 타고 난민들이 바닷게처럼 기어오르자 선원들이 안간힘을 다하여 끌어올리고 있습니다. 구사일생으로 뱃전에 오르는 난민들을 보며 눈물이 흘러내립니다.

 그때 선장님께서 난민들의 구조요청을 받고 회사에 연락을 취하자 "관여하지 말라."는 냉철한 답변이 돌아왔다지요. 직원으로서 회사의 지침에 따르는 건 일차적인 도리입니다만 일순 선장님의 심경에 변화가 일어났나 봅니다. 가슴 밑바닥에 원천적으로 실린 양심이 용서하지 않았나 봅니다. 선박회사의 제도권 형틀을 과감하게 깨는 순간입니다. 귀한 생명들을 살려야 한다는 숭고한 정신으로 용단을 내렸나 봅니다.

 "지금부터 모든 건 내가 책임진다."

 선원들에게 단호히 선포하면서 뱃머리를 돌렸다지요. 그때 기수를 돌리는 순간 선장님의 뇌리에선 지금까지 쌓은 경력 모두를 포기하는 건 물론이고 암담한 미래까지도 예측하셨다지요. 인간이면 누구나 위기에 처한 사람들을 구해야 하는 게 상식이지만, 자신의 장래까지 희생하면서 구할 수 있는 사람은 결코 흔하지 않습니다.

 드디어 보트피플 전원이 선장님의 배에 올라탔습니다. 아이들과 부녀자들에겐 선원들의 침실을 내주고, 노인과 환자들은 선장님 방에서 보살펴 주는 장면을 보며 울컥 목젖이 뜨거워집니다. 얼마나 눈물겹도록 고마웠겠습니까. 생명을 구해준 은혜보다 큰 공덕은 없습니다. 내 민족이 아니지만 생명을 중히 여기는 선장님의 인품이 한없이 우러러 보입니다. 선장님의 대찬 성품과 따뜻한 인간애에 우레와 같은 박수를 보냅니다.

선원 25명이 먹을 양식과 식수를 96명이 더 먹게 되었으니 곧 바닥이 났겠지요. 하나 선장님은 잡아온 참치가 많으니 걱정 말라고 그들을 안심시켰습니다. 짐작건대 그로 인한 회사의 손비처리는 선장님의 사비로 채우려는 각오였으리라 생각합니다. 선장님의 두둑한 배짱을 보면 그런 짐작을 하게 합니다. 선장님 이야말로 삭막한 이 시대에 살아있는 성인이 아닐는지요.

하마터면 바닷속에 수장될 뻔한 난민들을 싣고 부산항에 입항하셨습니다. 하지만 세상 인심은 살벌해서 예측은 조금도 빗나가지 않았습니다. 입항하는 즉시 선박회사로부터 해고 통지를 받았다지요. 난민을 구했다는 죄목으로 정부청사에 불려가 조사까지 받으셨다면서요. 이윤을 추구하는 회사의 사장은 얼음처럼 차갑고, 국제민심에 동조하는 정부의 태도는 냉철하고 단호하다는 걸 뼈저리게 느꼈을 겁니다. 아흔여섯 명의 생명을 구해 준 죄목으로 하루아침에 실업자가 되셨다니 어처구니가 없습니다. 거대한 원양어선의 선장 직함은 박애정신으로 인해 하루아침에 이슬처럼 사라졌습니다.

북받쳐 오르는 울분을 삼키며 이력서를 들고 선박회사 여러 곳을 찾아 다녔지만 어느 회사도 선장님을 받아 주질 않았다는 군요. 사람을 귀하게 여긴 선장님께 영광스런 훈장은커녕 직업까지 잃어버린 황당한 심경을 어찌 말로 표현할 수 있겠습니까. 아녀자인 저의 가슴에도 주체 못할 공분이 들끓고 있습니다.

허탈한 심정으로 고향인 통영으로 내려오셔서 멍게 양식업을 하신다지요. 가족들을 위해 호구지책으로 택하신 양식업이 아닐는지요. 인륜을 거역하지 않는 선장님의 인품과 희생정신에 머리 조아려 감사를 드립니다. 각박한 현실을 감내하면서도 그 많은 생명을 살린 것에 한 번도 후회하신 적이 없다 하시니 더더욱 경외심이 입니다.

전재용 선장님~

선장님의 은혜로 자유를 찾은 난민들은 수용소에서 일 년 반을 지내다가 미국으로 건너가 뿌리를 내렸다지요. 사람인 이상 생명의 은인을 어찌 잊을 수 있겠습니까. 그들이 17년간 선장님을 수소문한 끝에 간신히 연락이 닿았고, 몇 년 전 미국에서 재회를 하셨다지요. 난민들이 모두 공항에 나와 환영 피켓을 들고 선장님을 기다리는 그들이 혈육을 만난 듯 흥분하고 있었습니다. 부둥켜안고 쓰다듬는 장면을 보면서 선장님의 희생이 결코 헛것이 아니란 걸 느꼈습니다. 어느 형제가 그토록 눈물 흘리며 맞아주겠는지요. 스마트폰의 작은 영상을 보는 저의 가슴에도 환희의 물결이 출렁거립니다. 더욱 놀라운 것은 난민들이 선장님을 유엔 난센상에 추천했으나 "나 아니라도 누가 구해도 구했을 겁니다." 일축하셨다지요.

작은 선행을 하고도 알리지 못해 전전긍긍하는 저의 얼굴이 화끈거립니다.

그런데 선장님,

세모그룹의 세월호 선장은 왜 그렇게 기본 소양도 갖추지 못했는지요. 리더의 자격이 없는 건 물론이고 철저히 이기적이었으며 인간애라곤 없는 비정한 사람이었습니다. 선장을 믿고 수학 여행길에 오른 학생들과 손님을 두고 어찌 자기만 살겠다고 팬티바람으로 뛰어내릴 수 있습니까. 부끄러운 그 장면을 보며 울분이 터져 나왔습니다. 세월호 선장이 전재용 선장님이었다면 저렇게 큰 참변은 없었을 겁니다. 배가 침몰할 상황이 닥쳤는데 어떻게 손님들을 객실에 두고 직원들만 살리고 구명보트를 탑니까. 선장이란 배가 좌초 될 위기를 당하면 손님을 먼저 구해야 할 의무가 있고 최대한 희생을 막아야 할 책임이 있습니다. J 선장님은 내 나라 민족이 아니어도 그 많은 생명을 구출하셨는데 말입니다.

금번 수백 명의 목숨을 앗아간 세월호 선박회사와 해경과 당국이 J 선장님과 같은 인간애를 가졌더라면 저토록 많은 희생자를 내진 않았을 겁니다. 세월호 참사를 보며 우리 사회가 너무 이기적으로 변해가고 있음을 통감했습니다. 책임질 것이 두려워서인지 인간애가 없어서인지 리더십을 내지 않는다는 겁니다. 자기만 살려고 뛰어내린 선장은 물론이고 구출에 연관된 기관의 단체장들도 내 자식이 그 배에 탔다는 심정으로 강력한 통솔력을 발휘했더라면 희생자를 많이 줄였을 테지요. 사람은 위급할 때 본성과 초인적인 능력이 나온다고 합니다.

난민 구출로 인해 직장을 잃고, 난민 구출했다는 죄로 정부청사에 불려가 조사를 받고서도 당신은 굳건히 살아가고 계십니다. 난민을 구해주신 자비로움 때문에 고향바다의 양식업도 대대손손 번창하리라 믿습니다. 큰 희생으로 많은 생명을 살리신

고귀한 선장님의 정신을 전 국민이 본받았으면 합니다.
선장님이 우리 국민이어서 한없이 자랑스럽습니다.
선장님을 존경합니다.

몸을 둔 석탑, 회한에 잠기다

당간지주만 남은 미륵사지를 거닐어본다. 겨울바람을 등에 업고 그 옛날의 환청을 청하자 웅장했던 경내의 모든 소리들이 일어날 것만 같다. 바람에 서걱대는 댓잎 소리, 처마 끝에 매달린 풍경 소리와 불국정토를 염원하는 예불 소리, 그리고 만물을 일깨우는 범종 소리가 무거운 침묵을 깨고 허공에 퍼지는 듯하다.

고대엔 동양 최대의 규모를 갖췄다는 사찰이 뼈대조차 가뭇없이 사라지고 말았다. 넓디넓은 절 마당엔 마른 풀만 까칠하고, 일제 강점기 때 우리의 국보석탑에 시멘트를 발라 놓은 흔적이 분노를 일게 한다. 기이한 보물과 금제 사리봉안기와 여태 미궁에 잠겼던 진실까지 숨김없이 드러낸 미륵사지 西 석탑이 회한에 잠긴 듯 처연하다. "내 몸을 풀어 진실을 밝혔더니 세상이 왜 이리 떠들썩한가. 미륵사 창건 발원을 선화공주가 아닌 황당한 증언을 한 게 그리 충격적인가."

서동왕자와 선화공주의 국경을 넘은 로맨스는 고대인이나 현대인이나 모두 귀를 모은다. 만백성이 흠모하는 선화공주를 백제의 맛둥 서방이 아내로 맞았으니 그 시대 혁신적인 스캔들이 아닌가. 홀어머니 슬하에서 마를 캐서 생계를 유지하던 서동이 신라의 선화공주가 절세가인이이라는 소문을 듣고 머리를 깎고 승복을 가장해 신라의 국경을 넘은 것이다. 그리곤 아이들에게 마를 나눠 주며 〈서동요〉를 부르도록 과감한 술책을 꾀했다. 선화공주님은/ 남몰래 사귀어/ 서동薯童 도련님을/ 밤에 몰래 안고 간다.

어느 날부터 아이들이 부르기 시작한 괴이한 유행가는 서라벌 골목마다 번지더니 드디어 진평왕의 귀에까지 들어가 궁궐이 벌컥 뒤집혔다. 신라의 공주가 백제의 하잘것없는 맛둥 서방과 정을 통하다니! 전혀 근거 없는 헛소문에 진평왕은 부들부들 진노했고 선화공주는 속수무책으로 화를 당해야 했다. 터무니

없는 풍문이라고 애원하며 아뢰어도 아버지의 분노는 삭아들지 않았고 누명을 쓴 채 궁궐 밖으로 쫓겨났다. 어머니가 챙겨 주는 금덩이를 안고 갈 곳 없어 서성이는데 호시탐탐 기회를 노리던 한 청년이 앞을 가로막았다. "내가 바로 〈서동요〉를 지어 부르게 한 백제의 서동왕자입니다. 용서하시고 나를 따라 주십시오."

곤경에 빠뜨려 놓고 능청스레 손을 내미는 서동을 선화공주는 밀어내지 않았다. '번쩍이는 지혜와 넓은 도량을 보아 범상치 않은 청년이구나. 오죽 사무치게 그리웠으면 국경을 넘어와 그런 유행가를 퍼뜨렸을까.' 서동의 호위를 받고 백제로 넘어온 선화공주는 생면부지의 서동왕자에게 사랑의 싹을 틔웠다. 홀시어머니와 맞둥 서방 앞에 금덩이를 내놓으며 이것을 팔면 백 년은 살 수 있다고 가난한 그들을 위로했다.

서동왕자는 그제야 마를 캐던 산에 지천으로 널려있는 게 금덩이란 걸 알고 날마다 수북수북 주워 모았다. 이걸 가지고 진평왕을 찾아가면 둘 사이를 정식으로 인정해 주리라. 무왕은 사자사의 지명법사에게 수송의 방책을 여쭈었고, 스님은 신통력으로 하룻밤에 신라의 궁궐까지 금덩이와 선화공주가 쓴 편지를 보내 진평왕의 신임을 얻었다고 한다.

어느 날 무왕과 선화공주가 사자사에 가려고 용화산 아래를 지나치는데 연못에 미륵 삼존불이 전광석화처럼 나타났다 사라졌다. "미륵보살은 중생이 어리석으면 5억7천만 년 후에 미륵부처로 오신답니다. 백성이 깨달음을 빨리 얻기 위해서 이곳에 미륵사를 창건하라는 현신을 보여 주었사옵니다." 찰나에 나타난 미륵불을 보고 불심 깊은 선화공주가 미륵사 창건을 발원했다고 한다. 이 연못을 메워 미륵사를 창건해서 도적도 굶주림도 없고 사람이 자비로운 미륵세상을 만들자고 간청했다는 걸 우리는 익히 알고 있지 않는가.

하나 익산 미륵사지의 서 석탑西塔이 천사백 년의 깊은 침묵을 깨고 몸을 풀던 날, 세상은 도무지 믿을 수 없다는 듯 떠들썩했다. 황금빛 금제 사리봉안기에 새겨진 미륵사 창건내역엔 무왕의 왕후인 좌평 사택적덕의 딸이 발원한 것이라고 선명하게 기록되어 나타났다. 참으로 황당한 증언이 아닐 수 없다. 실화로만 알고 있던 천사백 년간의 믿음이 석탑이 해체되는 순간 희뿌연 의문에 휩싸이게 되었다. 그렇다면 선화공주와 무왕은 설화 속의 부부란 말인가. 만백성과 후대의 가슴에 무지개를 서게 했던 무왕과 선화공주의 로맨스가 허구로 지어졌단 말인가. 도무지 믿기지 않는 일이다. 〈서동요〉의 애틋한 향가가 빛을 잃으면 어쩔까 심히 염려된다. 부정할 수 없는 기록 앞에서 어깨가 늘어지고 가슴이 내려앉는다. 서민들의 희망이며 대리만족을 시켜주던 고대의 로맨스가 맥을 못 추어 애잔하다.

하나 반격할 근거는 충분히 있다. 백제의 마지막 임금인 의자왕이 무왕과 선화공주의 아들이란 게 금문석에 분명히 기록되어 있다는 학설이 있지 않는가. 허탈한 마음 추스르고 어깨를 추켜올린다. 선화공주는 무왕의 전처였는데 일찍 세상을 떴고 사후에 사택적덕의 딸이 재처로 들어왔다는 학설이 분분하니 무왕이 지었다는 〈서동요〉는 결코 설화가 아닌 실화라고 굳게 믿고 싶다.

연리지, 갈라놓다

으스름 달빛 아래 두 남녀의 실루엣이 일렁인다. 처녀는 담장에 기대어 서럽게 울고 있고 총각은 일그러진 달을 보며 망연히 서 있다. 아가씨가 흐느끼며 "오빠, 너무 죄송해, 나 결혼 날짜 받았어." 총각은 이미 풍문으로 입수된 떫은 소식을 아가씨의 입으로 직접 듣는 게 몹시 거슬리는지 할 말을 잃고 있다. '기어코 나를 두고 시집을 가다니!' 배신당한 서러움이 북받치지만 본의가 아니라는 걸 너무나 잘 알기에 위로의 말을 내뱉는다. "괜찮다, 괜찮다." 어깨라도 토닥이며 달래주고 싶지만 혼사가 정해진 양가집 규수를 차마 그럴 수 없는 모양이다. 신윤복의 풍속화 중에 저토록 애달픈 장면이 또 있었던가 싶다.

1급수에서만 살 수 있다는 은어, 황어, 버들치 등이 떼를 지어 넘나들고 강변을 따라 수km 하천부지에는 하늘을 찌를 듯한 미루나무 수천 그루가 군락을 이루는 마을이다. 가을이면 노란 단풍잎이 넓은 강폭을 모두 덮어 내려가는 풍광 좋은 강마을에 연리지 한 쌍이 자라고 있었다.

연리지 두 사람이 태어나고 자란 마을은 다른 동리 부자의 한 가호 전답도 되지 않는 200마지기 남짓한 땅을 40~50가호가 경작하고 있었다. 그래서 S 성씨 대소가 몇 집을 빼고는 삼시 세끼를 챙기기 힘든 가난에 찌든 작은 촌락이었다. 대부분의 집들이 궁핍한 초가움막이었지만 온종일 햇살이 드는 양지바른 곳이었고 주변의 산하도 너무 아름다워 정감 넘치는 곳이었다.

그 마을 면장 집 고명딸 A양은 체면과 관습을 중요하게 여기는 매우 완고한 아버지와 딸 관리가 엄격한 어머니 사이에서 심성 착하게 자라고 있었다. 그런 집 딸이 소 한 마리도 없는 오두막집 빈농의 아들 B를 사모하고 있었다니. 그녀는 나무와 풀과 꽃, 책 등의 이름을 알게 된, 즉 사리분별의 눈이 뜨인 후부터 이웃에 사는 B오빠를 좋아했노라 실토했다. 초등학교 상급학년 즈음부터 어렵지 않은 문제를 들고 친오빠한테 묻지 않고 B오빠에게 찾아왔고, 왜 나한테 배우러 오느냐면 모기 소리만큼 작게 "우리 오빠는 잘 가르쳐 주지 않는다."며 종알거리곤 했다. 어린 소녀가 손님이 와서 교자상이 필요하다며 빌리러 오질 않나, 그럴 때면 힘에 부쳐 낑낑대는 게 딱해서 응당 B오빠가 함께 들어다 주곤 했는데 그게 사랑의 간접화법이란 걸 B는 전혀 눈치채지 못했다.

 B는 빈농의 아들이지만 아주 영특하고 대찼다. 공부와 운동은 물론이고 리더십이 강해서 아이들을 다스릴 줄 알았다. 학교 가는 길에 온 동리 아이들을 모아 줄을 세워 교가나 애국가를 부르며 행진하게 했다. 물론 이탈이나 반동을 하면 혼을 냈으나 그의 카리스마 때문에 아무도 집에 일러주지 않았다. 씨름장을 만든다며 남학생들에겐 삽과 괭이를 가져오게 했고 여학생들에겐 대야나 흙 담을 도구를 가져오게 했다. 강변 백사장에서 모래를 퍼 담아 언덕바지에 그럴싸한 씨름장을 만드느라 강제 노동을 시켰지만 어느 누구도 불평하지 않았다. 집에선 방청소도 시키지 않는 공주 같은 면장 딸을 B오빠가 뙤약볕에서 부역을 시키다니. 하지만 소녀는 생글생글 웃으며 모래 담긴 대야를 이고 부지런히 언덕을 오르내렸다. B의 대찬 리더십에 매료당했던 것이다.

소녀는 중학교 3학년 때부터 서울로 올라간 B오빠와 연서를 주고받았는데 여고생이 되자 걷잡을 수 없는 열병을 앓게 되었다. B가 간혹 고향에 내려올 때면 두 사람은 부모님과 동네 사람들 눈길이 무서워 마음대로 만날 수 없었기에 애간장을 태웠다. 특히 그녀는 B오빠를 너무 좋아해서 먼발치에서 실루엣이라도 보고 가야만 학교수업을 받을 수 있었다. B오빠는 소녀의 그런 마음을 알고 마을 어귀를 서성이며 등굣길이 상쾌하도록 배려 해주곤 했다. B의 옆을 스치면서 눈요기로 허기를 채웠을 그녀를 생각하면 윤리가 무엇인지 원망스럽다. 조선시대 허균의 발신에 의하면

'남녀 간의 정욕은 하늘이 준 것이며, 남녀유별의 윤리는 성현의 가르침이다. 성인은 하늘보다 등급이 낮다. 그러므로 성인을 따르느라 하늘의 뜻을 어길 수 없다.'

는 지론에 손을 번쩍 들고 싶어진다.

두 남녀의 러브스토리가 이웃 마을까지 들불처럼 번지더니 드디어 그녀의 부모님까지 알게 되었다. 시골에서 면장은 꽤 격이 높은 기관장인데 그런 집 딸이 오두막집 빈농의 아들을 쫓아다닌다니 체면이 말이 아니었다. 억장이 무너질 일인데 사랑에 빠진 딸은 객지에 있던 B오빠가 오는 날 밤이면 있을 만한

집을 죄다 찾아 다녔고, 그 어머니는 그런 딸을 찾으려고 또 뒤를 따라다녔다. 두 사람은 아무도 모르는 은밀한 사랑인 줄 알고 있었지만 모녀의 이런 발걸음이 주변의 많은 사람들에게 충분히 눈치를 긁게 했다.

그 마을의 깊은 정서를 품은 곳은 뭐라 해도 미루나무가 줄지은 강둑길이다. 노랗게 물든 미루나무 단풍이 푸른 강물에 반영되고, 물비늘 치는 강물 위로 끼룩끼룩 날아가는 물새들의 나래 치는 풍경은 대자연이 낳은 한 폭의 그림이었다. 달빛 내리는 밤에 어디서 하모니카 소리라도 들릴라 치면 칙살맞은 아낙네도 소매 끝에 눈물을 찍어 낸다는 정감 넘치는 곳에서 청춘남녀들이 연정을 피우는 건 당연한 일일 터이다.

그녀는 깊어가는 가을밤에 강변 백사장에서 B 오빠와 밀애를 약속해 거닐기도 했다. 항상 데이트 제의는 그녀가 주도했는데 B가 용기가 없어서가 아니라 올라가지 못할 나무라서 미지근한 태도를 취할 수밖에 없었다. 하지만 B는 면내의 청년들이 모두 흠모하는 면장 딸이 자기만을 따라다녀서 내심 많이 고마워했다.

그녀는 B가 마을에 머물러 주는 날은 마음이 편안했다. B 오빠의 폐부에서 내뱉는 날숨이 공기 중에 희석되어 자신의 가

숨으로 들어온다는 게 더없이 흐뭇했다. 하늘을 향해 청아한 공기를 들이켜며 이렇게 읊조렸다. "아~ 같은 하늘 아래 그대와 함께 숨 쉴 수 있는 이 무량한 행복이여."

　그토록 애절한 두 사람에게 슬픈 소식이 날아들었다. B에게 입대 영장이 나왔다는 게다. 그녀는 이별의 통지를 받은 그날 밤 청대밭에서 B 오빠를 앞에 두고 3년이란 세월이 너무 길다고 하염없이 흐느꼈다. 그러자 청년 특유의 다정한 음성으로 "울지 마라, 내가 매일 편지 쓸게." 비단결같이 달래놓고 입영열차를 탔다.

　편지는 약속대로 이틀이 멀다하고 날아들었고 그녀는 밤을 지새워 답신을 써서 B를 향해 날려 보냈다. B가 다행이 군대 소임을 편하게 받아 그녀가 그리움의 수위가 차오른다고 생각되면 수시로 강원도에서 기차를 타고 내려와 주곤 했다. 순애보적인 그녀에게 학교는 필요 불가결의 장애물이기도 했다. B오빠가 휴가 오는 날엔 그녀는 두통이 심하다며 조퇴를 맡았고 열차도착시간을 놓칠세라 한달음에 달려가 반겨 맞았다. 군복을 입은 청년과 교복을 입은 여고생이 갈 곳이라곤 공원이나 극장뿐이다. 타인의 이목이 무서워 손도 잡지 못한 채 공원주변을 돌고나면 그나마 그리움의 압이 조금 내려가기도 했다. 어느 날은 몸이 아프다고 조퇴를 하고 나와 B오빠와 극장에 갔는데 교복을 입은 친구들이 단체관람을 왔다며 우르르 몰려들어 난처한 처지에 놓이기도 했다.

　군 복무 삼 년 동안에 주고받은 편지가 무려 오백 통이 넘었다니 누가 감히 두 사람의 연정을 갈라놓을 수 있을까. 의식의 눈이 뜰 때부터 사랑하게 된 그들은 뿌리는 달라도 가지가 접착된 연리지와 다름없다. 결코 뗄 수 없는 관계이다. 만약 둘을 떼어 놓는다면 생살을 찢는 고통에 버금가는 잔인한 일일 터이다.

　하지만 그녀의 부모님은 졸업만 하면 두 사람을 갈라놓으려고 혼처를 은밀히 수소문했다. B에게 내제된 숨은 기량을 몰라주고 우선 눈에 보이는 가난한 살림살이만 악재로 삼았다. 여교사가 되겠다던 그녀의 꿈을 깡그리 뭉개 버리고 부랴부랴 졸업한 그해에 혼처를 정해버렸다. 고명딸의 가슴에 피멍이 늘어도 사랑 따위가 밥 먹여 주냐면서 부모님의 주관대로 혼사를 추진했다. 면장의 체면과 가문의 위신 때문에 연리지를 찢는 고통 따위는 상상조차 하지 않은 잔인한 처세였다.

　면장 딸이 B를 두고 시집간다는 소문이 온 동네에 퍼지자 어느 날 밤, 동네 처녀총각들이 두 사람의 마지막 만남을 주선해

주었다. 홀가분한 집에서 과일과 떡과 막걸리를 준비해두고 이별의 밤을 맞이했다. 술이 몇 순배 돌고 주인공들의 심경이 울적해질 즈음 분위기를 전환시킬 돌림노래가 시작되었다. 용기백배한 청년 한 사람이 선창을 한 뒤 순번대로 노래가 돌기 시작했다. B는 허탈한 심정을 감추려고 애써 표정을 밝게 지었지만 막상 차례가 돌아오자 자기도 모르게 〈애수의 소야곡〉을 불러 버렸다.

"운다고 옛사랑이 오리요만은 눈물로 달래보는 구슬픈 이 밤…."

애절한 노랫가락이 방안 가득 퍼지자 마음 여린 처녀들이 모두 숙연해졌고 억지 춘향이가 되어 시집가는 그녀의 눈에서 눈물이 방울방울 맺혔다. 잠깐 진정하는 시간을 두다가 다시 분위기를 띄울 겸 노래가 이어졌다. 이윽고 그녀의 차례가 돌아오자 쑥스럽고 면목 없어 B의 눈치를 살피다가 가냘픈 목소리로 답가를 불렀다. "다시 한 번 그 얼굴이 보고 싶어라. 몸부림치며 울며 떠난 사람아."

〈추억의 소야곡〉을 한 소절 부르다가 그만 울어버렸다. 이 무슨 비극의 밤인가! 잔뼈가 자랄 때부터 마음의 진액이 엉켜 굳게 응고된 연리지를 어떻게 갈라놓는단 말인가. 그날 밤 마을 젊은이들은 두 사람의 이별을 안타까이 바라보며 울적한 마음으로 흩어졌다.

한파가 밀려오는 섣달 초순, 그녀의 결혼식이 슬슬 다가오자 B는 직장을 따라 서울로 상경해 버렸다. 그토록 찾아다니며 사랑한다던 그녀를 두고 서울행 기차에 몸을 실었다. 한쪽 가슴엔 가난한 집에서 태어난 자신의 태생을 원망하고, 또 다른 가슴엔 원대한 포부를 품고 경부선 열차를 탔다. 며칠 후 그녀가 결혼한다는 날 밤에 B는 서울 거처에서 사연을 잘 아는 친척동생들과 막걸리를 마셨다. 마음이 추워 막걸리를 데우다가 실수로 끓인 더운 술을 마시며 부른 노래가 〈울어라 열풍아〉이다.

"못 견디게 괴로워도 울지 못하고 가는 님을 웃음으로 보내는 마음…."

B는 꽤 오랜 기간 동안 괴로운 시간을 보내다가 다시 힘차게 일어섰다. 영리한 두뇌로 골똘히 공부해서 국가 기능 경시대회에서 전국 1위의 영광을 안았으며 대통령상을 수상했다. 그리곤 대기업 공채시험에 우수한 성적으로 합격한 뒤 미모의 아가씨와 결혼했다. 지금은 중소기업체 사장으로 넉넉한 부를 이루어 살고 있는데 B가 최고급 승용차에 예쁜 부인을 태워 고향마을에 나타나면 온 동리 사람들이 부러워한다. 그 옛날 강마을을

들썩이던 플라토닉(platonic love)한 러브스토리는 추억 속으로 묻어 두고서. 가난하다고 한사코 사위 삼기를 꺼리던 면장 댁은 마을을 떠난 지 오래고, B의 오두막집은 선대의 체취를 간직하기 위해 허물지 않고 수리해서 관리하고 있다. 토질 좋은 문전 밭엔 갖가지 유실수를 심어 배, 사과, 대추, 대봉감, 블루베리 등이 칠월의 태양 아래 향기롭게 영글고 있다.

   B의 가난! 그것은 성공을 위한 디딤돌이었다.

   갈라놓은 연리지에 오기로 이룬 반전의 깃발이 힘차게 펄럭인다.

깍두기라니

카톡에 난센스 퀴즈가 도착했다. 세 개를 다 맞추지 못하면 치매를 의심해야 한다고 엄포까지 덧붙여왔다. 아니, 난센스 퀴즈를 못 풀면 치매라니. 암보다 더 무서운 치매! '난 그런 몹쓸 병에 걸리지 않을 거야. 분명히 다 맞출 거야.' 의기양양하게 문제풀이에 들어갔으나 예측은 빗나갔다. 첫 문제는 통과했는데 두 번째가 틀렸다. 덜컥 겁이 났다. 마음을 무장하고 세 번째 문제를 풀었으나 역시 상상을 빗나갔다. 이럴 수가. 한 개밖에 못 맞추다니. 그럼 내가 치매에 걸릴 확률이 높다는 말인가. 불안하고 초조하다.

대개 난센스 퀴즈를 잘 푸는 사람들은 센스 빠른 사람들이다. 난 고정관념에서 벗어나지 못하고 융통성이 없어서 못 맞혔지 결코 치매에 걸리지 않는다고 마음을 다독이면서도 뒷맛이 찜찜하다.

나만 이럴까 해서 지인들에게 난센스 퀴즈를 훌훌 날려 보냈다. 그리곤 맞힐 사람과 못 맞힐 사람을 머릿속에서 구분해 뒀다. 과연 나의 예상이 적중한다면 이 문제는 치매를 가려내는 문제가 아니고 융통성이 있고 없고를 선별하는 문제에 불과하다고 일축했다.

조금 후 여기저기서 잽싸게 답신이 왔다. 세 개 다 맞혔다, 두 개 맞혔다, 한 개도 못 맞혔다고 실망하는 글까지 다양한 답글이 왔다. 나의 예상대로 못 맞힌 분들의 성향을 살펴보니 하나같이 곧이곧대로 사는 분들이다. 즉 1 더하기 1은 결코 3이 될 수 없는 사람들이다. 그런데 다른 한 분에게서 특이한 답변이 왔다.

"전 아예 경주, 퀴즈 이런 것 안 해요. 이기면 미안하고 지면 슬프고 저는 항상 '깍두기'입니다."

아니, 깍두기라니? 그럼 여자깡패란 말인가? 부산에서는 '깍두기'를 주먹 쓰는 사람으로 통한다고 댓글을 달았더니 닭날개가 파닥거리는 후다닭 이모티콘을 장식해서 긴 사족을 보내왔다.

"깍두기는 응원군입니다. 고무줄놀이나 공기놀이를 할 때 양쪽 편을 위해 열심히 뛰거든요. 요즘 신조어로 말하자면 융합, 화합 이런 겁니다. 다시 말하자면 이편도 저편도 아닌 사회적 약자를 말합니다. 그래서 양쪽 편에서 모두 견제 안 하고 끼워 주죠. 문화적 차이라서 부산에서는 뭐라는지 모르지만 서울아이들은 깍두기 개념을 잘 알고 있다."고 자세한 설명을 붙여 왔다.

❖ **깍두기**

아마 대다수의 사람들이 이편저편 다 들며 적을 만들지 않고 살겠다는 부류일 테다. 아닌 것을 보고도 바른 소리 하면 정 맞을까 어물쩍 넘어가고, 맞다 싶은 것도 대립되는 사람이 옆에 있으면 화끈하게 칭찬하지 않는다. 무풍지대를 만들어 고요히 살아가는 군단들이다. 힘도 없으면서 풍세 사나운 곳에 뛰어들어 낭패 당할 필요가 있느냐고 현명한 생각을 하는 사람들이다. 사람 마음이 언제 변할지 모르는데 뭘 믿고 편을 든단 말인가. 예나 지금이나 바른말 하다가 터지는 사람이 한둘이던가. 돌풍에 날아가지 않고 살아남기 위한 똘똘한 처세이지 않는가.

❖ 회색분자

역시 깍두기와 비슷한 개념인데 산전수전을 다 겪은 사람들이 살아가는 방법론이다. 원래의 색을 골수 깊이 묻어 두고 좀처럼 꺼내질 않는다. 난세를 당해 본 사람들은 안다. 줄 잘못 서면 무차별적으로 당한다는 걸. 그래도 정말 아니다 싶을 때는 본디의 색깔이 깃발을 펄럭이며 나와야 혁신적인 발전이 있을 테다. 돌아올 후환이 두려워 맞장구나 치며 끌려다녀서야 사는 맛이 나겠는가.

옛날 정사를 보면 글그렁거리면 숙청되는 게 당연지사였다. 수장이 하는 일에 반기를 들면 소리 없이 뽑혀 버리고 만다. 아웃사이드로 밀려나서 서러운 고배의 잔을 마시면서도 옳은 주장을 펼 줄 아는 사람이 아쉽다.

❖ 기회주의자

그들은 실세에 붙어 다니는 기생군단이다. 힘 있는 편에 사다리를 걸치고 아류로 행세하다가, 실세가 바뀔라치면 뒤도 안 돌아보고 사다리를 옮겨 폴짝 건너가 버린다. 그리곤 지난 실세를 험담하곤 한다. 실세를 따라다니는 기회주의자들은 결코 수장은 될 수 없으며 절대 믿어서도 안 된다. 하늘만 빠끔히 쳐다보이는 위리안치 된 공간에서 절개를 굽히지 않는 인사들은 권력 꽁무니에 철새처럼 따라다니는 기회주의자를 경멸한다. 그러나 깍두기나 회색분자는 권력이나 이권을 탐하지 않는다. 그냥 무탈하게 살아가려고 몸을 둥글게 만 채 나서지 않기에 가엾게 본다.

  살아가는 길. 그것은 인격이 선택한다. 나는 지금 어떤 길을 가고 있는지 다시 살펴봐야겠다.

함축, 그 웅숭깊은 매력

　초록의 신세대들에게 톡톡 튀는 기발함이 있다면, 황금빛 구세대들에겐 지혜와 풍자와 해학의 미가 배어 있다. 젊은이들은 일이 꼬이면 '아, 짜증나.'를 연발하며 주위를 조급하게 만들지만, 구세대들은 일이 풀리지 않아도 입을 꽉 다물고 초지일관 침묵으로 주변을 제압한다. 그런 분들 곁에서 숨을 죽이고 있노라면 고통의 덩어리가 허물어져 내리는 탁음이 들리는 듯하다. 세파를 헤쳐 나온 경험에 비추어 일이 어떤 방향으로 흘러갈 것이란 걸 예측하기에 고불古佛처럼 흔들림이 없다. 날숨 속에 섞여 나오는 원망이라야 '모든 것이 내 탓이오.'다. 그런 분들의 내심은 수십 길 우물 같아서 깊이를 가늠할 수 없다.

시각과 청각이 끌어들인 것을 생으로 발설하면 비위에 그슬리고 비린내가 나지만, 자제를 미덕으로 꾹꾹 눌러둔 말들은 오랜 세월 뒤에 발효시킨 씨간장처럼 깊은 맛이다. 살과 비계와 힘줄이 죄다 녹아내린 몇 점의 뼈 같은 말이 '사자성어'이다. 깊으면서도 담백하고 무거우면서도 기지가 번쩍이고 뒤틀린 듯하나 재치가 넘치는 사자성어는 깊은 강물에서 길어 올린 이무기를 닮았다. 우리나라 팔도 사람들의 기질과 성품을 네 글자로 풀이한 말이 바로 그런 맛이다. 그 지방만의 특이한 자연환경과 관습에서 길들여진 공통적인 성향을 단 네 글자로 함축해서 표현한 내공에 거듭 경탄을 금치 못한다.

함경도 사람들의 기질을 사자성어로 나타낸 말이 '석전경우石田耕牛'이다. 돌밭을 경작하는 소와같이 억척스럽고 우직하다는 뜻이다. 춥고 험악한 산악지대에서 살아가는 사람들의 강인함이 단 네 글자 속에 응축 되어있다.

평안도민들의 사자성어는 '맹호출림猛虎出林'이다. 사나운 호랑이가 숲에서 뛰어나오는 것처럼 평안도 사람들의 용맹하고 성급한 기질을 평한 말이다. 으스스 무서움이 밀려드는 네 글자다.

황해도 사람들에겐 '투석춘파投石春播'라는 사자성어가 주어졌다. 던지는 돌을 맞으면서도 봄이 되면 씨앗을 뿌린다는 뜻인데 그만큼 강인하고 삶에 집착이 강한 성품을 지녔다는 말이다. 이북사람들의 성향이 모두 강하고 억척스러워 짠한 연민을 일게 한다.

강원도 사람들을 비유한 사자성어는 해학의 극치를 이룬다. '암하노불岩下老佛'! 바위 밑에 앉은 오래된 불상이란 뜻이다. 산골에서 순하고 우직하게 살아가는 강원도 사람들을 바위 아래 좌정한 노불에 비유하다니, 이 얼마나 멋진 반전의 사자성어인가. 사방이 험준한 산맥으로 가로 막힌 갑갑한 지형 속에서 체념한 듯 살아가는 영동 영서 사람들의 성품을 성인의 경지까지 끌어올린 풍자에 폭소를 터트리지 않을 수 없다.

경기도와 서울사람들은 '경중미인鏡中美人'이다. 즉 거울 속의 미인이란 뜻이다. 말만 들어도 고요하고 맑은 가인을 떠올리게 한다. 경우가 바르고 얌전한 서울, 경기 분들의 성격을 이처럼 간결하고 맑게 함축할 수 있을까. 싸우기 싫어하고 예절바른 사람들에게 붙여진 은유적인 단어 앞에 나는 머리를 조아린다.

충청도 사람들은 계룡산의 정기를 받아 '청풍명월'이란 사자성어를 얻었다. 맑은 바람과 밝은 달을 벗 삼아 술을 마시고 유유자적하게 살아간다는 비유이다. 세상에 바쁠 것 없이 살아가는 충청도 양반들의 태평 성대한 모습이 바람과 달에 동격화시킨 그 엄청난 재치라니. 나도 그렇게 한 번 살아보고 싶다.

그럼 남도 사람들은 무슨 말로 비유했을까?

전라도 사람들의 유한 성품을 비유한 네 글자는 '세류춘풍'이다. 봄바람에 하늘거리는 버들가지처럼 부드럽고 애교가 많다는 뜻이리라. 예향의 고장 남도 사람들의 인성을 봄바람에 나부끼는 버들가지에 비유해 미소를 짓게 한다. 넓은 평야를 가진 호남지방 사람들이 부드러운 것은 먹고 사는 데 어려움이 없었다는 뜻이다. 예술은 식사 후, 즉 배 부른 뒤의 일이다. 고산 윤선도의 풍요로운 귀거래사 〈어부사시사〉가 들리는 듯하다.

취하여 누웠다가 여울 아래 내려가려다
배 매어라 배 매어라
떨어진 꽃잎이 흘러오니 선경이 가깝도다.
찌거덩찌거덩
인간의 붉은 티끌 얼마나 가렸느냐.

그럼 무뚝뚝한 경상도 사람들을 사자성어로 어떻게 표현했을까. 특히 경상도 남자들은 수가 틀리면 일언지하에 "때리치앗뿌라."가 십팔번인데 그 멋대가리 없는 직언정론에 능한 기질을 무슨 말로 수식을 하는지 궁금하다. 한데 유감스럽게도 여자에게 살가운 말이라곤 할 줄 모르는 뻣뻣한 성정의 도민들에게 평가절상해서 평을 했다. '송죽대절'! 소나무 같이 꿋꿋하고 대나무처럼 곧다는 말이다. 대의를 위해서 절개를 지킨다는 호평은 퇴계 이황 선생과 남명 조식 선생의 문하에서 배운 선비들의 위대한 업적이 아니겠는가.

  경상도 남자들이여, 부디 선조들의 업적을 따르면서 조금은 더 부드러워지시길 바란다.

4부
양지마을 맨 끝집

송암 선생님 작품

야명조의 반성문

히말라야 설산에는 희귀한 새가 있단다. 야명조夜鳴鳥라는 그 새는 혹독한 추위에 떨면서도 둥지를 짓지 않아 밤이면 슬피 운다고 한다. 눈 덮인 나뭇가지에 앉아 청승스레 울면서 '내일은 꼭 집을 지어야지.' 맹세를 하지만 새날이 밝아오면 간밤의 맹추위를 까맣게 잊어버린다. 따사로운 햇볕에 날갯깃을 쪼이며 노닐다가 밤을 맞이하면 또 다시 추위를 못 이겨 슬피 운단다. 날짐승이건 사람이건 후회만 되풀이하고 습관을 고치지 않으면 미욱하다는 평을 듣는다. 원효대사도 병중에 제일 무서운 병이 '오늘 할 일을 내일로 미루는 습관'이라고 하셨지 않는가.

주부이면서 가계부를 써본 지가 가뭄다. 한정 된 수입원에서 최대한 지출을 줄이려고 가계부를 쓰는데 여태 내일로 미루면서 살아왔다. 하기야 주부 초년생일 땐 가계부를 적었지만 수입보다 지출이 많아서 짜증스러웠다. 월급에서 주대 지출을 빼면 입에 풀칠하기도 빠듯한데, 가계부를 적지 않는다고 닦달을 할 때면 가계부를 직접 적어보라고 내밀곤 했다. 계획대로 살아지지 않은 게 인생이라지만 지금 생각하니 적자 나는 가계부라도 꼼꼼히 작성했더라면 좀 더 풍요로운 삶이 되지 않았을까 싶다.

해서 연초에 세운 계획이 가계부 쓰기였다. 세 살 버릇 여든까지 간다는 속담을 깨뜨리려고 작심하고 썼지만 화석처럼 굳은 악습은 좀체 고쳐지지 않는다. 고작 한 달 쓰고 종지부를 찍었으니 또 다시 후회하며 한 해를 넘겨야 한다.

원로 선생님께 글이 시원스레 써지지 않는다고 고충을 풀어 놓았더니 일기를 써보라고 하셨다. 글쓰기의 시원인 일기조차 쓰지 않으면서 수필을 쓴다는 건 어불성설이라고 일침을 놓으셨다. 해서 글의 창고도 비축할 겸 일기쓰기를 시작했다. 밤마다 숙제처럼 주제를 정해 글을 썼더니 얼마가지 않아 부잣집 곳간처럼 글의 창고가 가득해졌다. 항상 쪼들리는 글 곳간이 풍성해지자 이젠 '매일 쓰는 게 부담스러우니 이틀에 한 번씩

쓰자.'고 자신을 꾀었는데 그게 화근이었다. 오늘만 쉬고 내일부터라는 말은 게으른 바이러스가 침투하는 진입로였다. 이틀만에 쓰던 게 사흘 나흘로 늘어지면서 연말이 된 지금은 아예 일기장을 덮고 말았다.

원고 청탁서가 오면 빈둥거리다가 마감일이 임박해서야 구상을 하느라 머리를 싸맨다. 녹슨 기계에 기름을 치고 잔업까지 해야 하는 공장처럼 눈에 불을 켜고 글감을 급조해 온다. 간신히 건진 둔탁한 천으로 어떤 디자인을 해야 질감이 살아날지, 바느질은 몇 수로 박아야 천이 울지 않을지 고심하며 밤을 지새우곤 한다.

드디어 내일로 미루는 악습 때문에 2014년 9월 중순께 가슴 치는 일을 당하고야 말았다. 분신처럼 아끼던 애완견을 하늘나라로 보낸 중죄이다. 목줄을 하기 싫어하는 개의 뜻을 거역하지 못해 아침마다 풀어서 강변 산책을 다닌 지가 9년째다. 마음속으로 이놈은 명이 길다고 쾌재를 부르며 치타처럼 뛰어다니게 했다. 제 조상이 묻힌 독일의 넓은 초원이 그리운 듯 통쾌하게 달리는 '슈나우저'의 건강한 모습을 보며 진심으로 견공을 아낀다고 생각했다. 웅크린 채 변보는 자세도 내 눈엔 귀여웠고 수캐가 가까이 오면 조신하게 몸을 갈무리하는 고고함도 나를 자

야명조의 반성문 **135**

랑스럽게 했다. 한데 나를 두고 영영 가버리다니! 산책 나갈 때마다 '목줄은 내일부터 해야지.' 미루다가 십여 년이 흘렀다. 얼마나 어리석은 습관인가.

사고를 낸 운전자가 미안하다고 했을 때 원망 한 번 못하고 내 탓이라고 반복하면서 굳어가는 몸을 흔들며 일어나라고 부르짖었다. 자신을 탓하는 만큼 괴로운 일이 없음을 그제야 깨달았다. '깜지'는 개가 아니라 가족이었다. 하루에 열 번 들어와도 꼬리치고 기어오르던 충직한 견공을 내일로 미루는 습관으로 인해 목숨을 잃게 하다니. 가슴이 미어진다. 개를 아끼던 아들도 한달음에 달려와 깜지를 부르며 흐느꼈다. 속으론 관리 잘 못한 어미를 원망하겠지만 표출 못하는 그 심정이 나를 더 힘들게 했다.

쇼파를 박박 긁는다고 야단 친 게 후회되고 손님이 올 때마다 짖는다고 꾸짖은 게 미안하다. 내 주관대로 새끼 한번 낳지 못하게 기른 것도 걸리고, 홀로 집에 두고 날마다 나다닌 게 마음 아프다. 아파트에 갇힌 외로운 견공의 신세를 진심으로 생각이나 해 봤는가. 가고 없는 빈자리에 환영이 일렁일 때면 '색즉시공 공즉시색'을 외며 마음을 달랜다. 하지만 미욱한 중생이 그 높은 경전을 온몸으로 받아들일 수 있겠는가.

밤이면 히말라야 설산에서 울어대는 야명조처럼 나는 후회의 눈물을 짓는다.

양지마을 맨 끝집

　시골이거니 했더니 생각보다 깊은 두메산골이다. 오색 단풍 짙은 골에 통나무집 한 채! 그 집에 인기척이 없다. 개울에 핀 갈꽃이 객을 반기고, 창공을 비행하는 까마귀 몇 마리가 적요를 깨뜨리고 있다. 한적한 집에서 삭아가는 소리가 들린다. 목줄 묶인 진돗개 한 마리 타인이 들어서도 짖질 않는다. 축축한 땅에 엉덩이 붙이고 앉았다가 우릴 보고 일어서서 꼬리를 흔든다. 밥 주던 주인 대신 반가웠던가. 먹다 남은 사료 몇 알이 비에 젖어 불어 터졌다. 그네는 저 홀로 바람을 타고 뜰에 민들레도 외로움에 지쳐 날아갈 태세다. 이 집 주인은 알밤이 떨어져 싹이 돋고 홍시가 농익어 흘러내리고 석류가 몸을 열어도 거둘 마음이라곤 없나 보다. 쓸쓸한 풍경이 한쪽 날개가 떨어진 집이라고 말을 하고 있다.

  안주인 살았을 적 지은 목조 집과 기름진 땅도 이젠 의미 없는 모양이다. 죄다 팔고 떠나려 한단다. 타인에게 만추의 과일을 거두라 하고 주인은 지금 교회당에서 예배 중이란다. 예수님께 아내 잃은 외로움을 의지하고 있을 터이다. 안사람 살리려고 몸에 좋다는 나무는 죄다 심어놓고 몸부림쳤던 흔적이 곳곳에 묻어난다. 구찌뽕, 헛개나무, 산수유, 참다래, 매실나무, 호두나무, 밤나무도 주인처럼 맥이 빠졌나 보다. 훌훌 잎을 털고 겨울 채비 중이다. 짝 잃은 허한 손에 잡히는 건 아무 것도 없으리라. 이층 계단에 거미줄이 휘감기고 부러진 빨래 건조대가 안주인의 부재를 여실히 말해준다.

  가마솥 걸어두고 메주 끓이던 황토 집은 이번 가을비에 토담이 무너졌다. 장작불 열기가 아쉬워 들어갔다가 지붕이 무너질까 얼른 몸을 비켰다. 밭가에 심은 남천열매는 안주인의 부재도 모른 채 오달지게 달렸다. 가지가 휘어져도 누구 한 사람 일으켜 주질 않나보다. 이미 주인은 이 집에 마음이 떴다.

  홍시 먹은 손 씻으려고 수도꼭지를 틀었더니 물이 콸콸 쏟아진다. 300M 시하암반수란나. 덩그렇게 지은 축사에 마른 쇠똥 수북한데 쇠파리 한 마리 얼씬거리지 않는다. 족히 일 년은 지난 듯 미물도 사라지고 딱딱한 쇠똥이 불을 지펴도 될 성하다. 주인의 직업이 수의사라 한때는 가축도 많이 키우고 바지런히 살았는데 아내 잃은 후부터 폐허가 되어간단다.

  널브러진 농기구에 벌건 녹이 슬었다. 밭 갈아 콩 심고 구덩이 파서 유실수 심던 연장들이 비바람에 삭아간다. 사람도 관심을 잃으면 저와 같으리. 양지바른 곳에 서 말들이 항아리들이 서른 개는 됨직하다. 안주인의 언니가 이곳에서 된장을 담아 팔았다는데 뚜껑을 열어 보니 돌덩이처럼 굳었다. 2010년에 담았노라 표기되어 있다. 된장단지 덮어둔 비닐이 바람만 불어도 가루처럼 바스라진다. 썩지 않는다는 비닐도 외진 이곳에선 예외인가 보다. 안주인 떠난 집에 친정식구가 뭣하러 오겠는가. 일손 팽개친 흔적이 곳곳에 역력하다.

  대봉 감, 단감, 개암, 다래 모두 귀찮다고 싹 쓸어 가라 했단다. 약도 치지 않고 거름도 주지 않은 과일들이 모양은 없으나 먹을 만하다. 그냥 두자니 아깝고 먹자니 탐탁찮은 과일들이 트렁크에 한 가득이다. 햇살을 강하게 받은 먹감이 태반이라 친구는 아예 손사래를 친다. 족히 한 달은 먹겠다.

예배당에 갔다는 주인은 산 그림자가 내려도 돌아오지 않는다. 찬바람에 개만 홀로 집을 지킨다. 울컥 가슴 언저리가 뜨겁다. 차 뒷자리에 앉아 텅 빈 풍경을 눈에 담는다. 물끄러미 바라보는 개를 동공에 품고, 집 주인의 황막한 심정을 쓸어안는다. 한 쪽 날개 떨어진 상처에 새살 돋아나길 바라면서 차를 돌려 나왔다.

홍매 담는 진사님들

 통도사의 자장 매가 몸을 풀었단다. 묵은 등걸에서 열꽃이 터졌다며 동박새 앉은 매화 가지를 영상으로 보내왔다. 낭창한 가지에 매조 앉은 사진을 보내 가슴 설레게 하더니, 2월 마지막 토요일에 봄꽃 촬영 가는데 동행하자는 청까지 보내왔다.

 해마다 이맘때면 통도사 뜰에 전국 진사님들이 모여든다는 소문은 듣고 있었지만 정말 장관이다. 홍매를 구경하러 왔는지 진사님들의 열정에 취하러 왔는지 취지가 헷갈린다. 해묵은 고목에서 붉게 피는 열꽃이야 응당 볼만하지만, 혼신을 다해 매화 찍는 프로들의 자세도 꽤 감동적이다. 그들은 자장 매의 열렬한

팬들이다.

　자장율사가 사찰을 창건하신 뜻을 기려 심었다는 노거수에겐 진사님들이 모여드는 것만으로도 힘이 되는데, 예술로 승화 시키려는 꿈까지 품고 오기에 부담감 또한 큰가 보다. 앙다문 봉오리부터 활짝 핀 꽃송이까지 바람결에 나부끼며 예쁘게 포즈를 취해준다. 진사님들의 안목과 취향은 저마다 다르다. 시야에 들어온 꽃가지를 머릿속에서 스토리텔링해서 찍으려나 보다. 묵직한 장비를 등에 메고 숨소리마저 죽이면서 사진 삼매경에 들었다.

　사진작가들은 홍매가 구름덩이처럼 피었어도 전체를 탐하지 않는단다. 예리한 시선으로 몇 송이만 피사체로 끌어당길 수도 있고, 여백의 미를 살려 허공에 흔들리는 꽃가지에 접사렌즈를 들이대기도 한다. 배경은 파란 하늘이나 영각 문살이나 사찰지붕이 되겠지만 그것마저도 매화송이를 오롯이 살리기 위해 흐릿하게 지워버린다. 시야에 들어오는 모든 것에 욕심을 내면 주제가 없는 작품이 되고 만단다. 군중이 시끄러우면 강사의 말이 들리지 않듯이, 배경이 와자하면 피사체가 던지는 오묘한 메시지를 읽을 수 없는 법이다. 말할 수 있는 사람이나 입 닫고 있는 자연이나 지켜야 할 기본질서는 매 한가진가 보다.

먼 산 잔설을 훑고 온 바람이 매화에 빠진 진사님들에게 용심이 나는가 보다. 법당 뜰의 흙먼지를 한 무더기 뭉쳐 진사님들에게 휘리릭 덮어씌우고는 슬쩍 꼬리를 감춘다. 대범한 남자들이야 그렇다 치고 절반이 여자들인데 어느 누구도 투덜대거나 놀라는 기색이 없다. 잠시 바람을 등지거나, 아랑곳 않고 카메라만 겨누는 맹렬한 진사님도 여럿이다. 투철한 작가정신이 안개처럼 뿜어져 나와 영각 뜰을 가득 메운다.

이방인 같은 나는 홍매는 한두 컷 찍었을 뿐 작가들의 움직임을 동영상으로 찍고 있다. 특출한 사진 한 편 찍으려고 작심한 그들에게 자신을 비추려는 욕심은 아예 없다. 본인들이 풍경이 된다는 건 전혀 눈치채지 못하고 매화 촬영에 몰입하는 자세가 재미있다. 꽃술에 묻은 미세한 꽃분까지 살려내려고 렌즈를 번갈아 끼우면서 촬영하는 열정이 진지하다. 극락보전 앞 만첩홍매를 찍는 팀들도 마찬가지다. 타인의 작품 활동에 방해되지 않으면서 꽃가지 하나에도 의미를 부여하려고 각도를 이리저리 재고 있다.

꽃 사진은 어쩌면 작가들의 심경을 간접적으로 표출하는지 모른다. 아웃사이더에서 서럽게 바람을 타는 꽃가지를 쳐다보며 '절절한 그리움' '안타까운 이별' '막막한 기다림' 혹은 '혼자만의 짝사랑' 등등 심연에 묻어둔 비밀을 명제로 잡지 않을까 싶다. 혹은 찍은 뒤 제목을 달아줘도 좋을 법하다. 전자는 주제가 선명한 사진이 될 터이고, 후자는 소 발에 쥐 잡기로 특출한 작품이 나올 가능성도 있을 테니까.

진사님들의 움직임을 먼발치에서 바라보다 진정한 아름다움이 뭔가를 알아냈다. 물아일체가 되어 혼신을 다하면 모두가 꽃이 된다는 것을. 볼록렌즈에 집결하는 햇빛처럼 몰입하는 순간만은 꽃처럼 아름답다는 것을 알게 한다.

오늘은 매화 향 그윽한 고찰 뜰에서 큰 이득을 얻고 간다.

너를 부러워한다, 동강할미꽃

　가파른 절벽을 오르내려도 위험한 줄 모른다. 셔터 누르는 소리가 쉴 새 없이 터져도 거슬리지 않는다. 예쁜 모델 앞에 줄을 서서 기다리는 풍경이 무척 이채롭다. 꽃 앞에선 모두 신사다. 여기는 정선군 귤암리 동강할미꽃 군락지이다.
　처음 사진카페에 초대 받았을 땐 사진에 관심이 없었다. 흔히 보는 사진이거니 생각하고 들어가지 않았는데 재청을 받고서야 방문을 했다. 카페 회전문을 열고 들어서자 낯선 세계가 펼쳐진다. 안개 자욱한 우포늪의 몽환적인 풍광과 동해바다에 떠오르는 광휘로운 일출 장면, 무한창공을 비행하는 백로의 나래 짓과

화려한 관을 쓴 후투티의 육추 장면, 그리고 눈 속에서 피어나는 샛노란 복수초와 변산바람꽃, 홍매화의 부푼 봉오리와 청아한 색감의 청노루귀, 보라색 어여쁜 동강할미꽃 등등 진귀한 사진에 감탄이 절로 나온다. 몇 번을 감상한 뒤 댓글을 달았다. "사진카페에 초대받은 건 행운입니다. 즐감하고 돌아갑니다." 간략한 방문 흔적을 남겼더니 이튿날, 할미꽃 축제에 동행하고 싶으냐고 의향을 물어왔다. 사진에 문외한인 내가 프로들 팀에 끼면 걸림돌이 될 것 같았으나, 절호의 기회를 놓치지 않으려고 즉답을 했다. 나는 이미 사진에 빠졌으므로….

남녘땅 부산에서 아라리의 고장 정선으로 가는 길은 만만찮은 거리다. 노포동에서 출발한 차는 어둑새벽의 공기를 헤치며 고속도로를 미끄러지듯 질주했다. 오전 10시까지 동강에 도착하려고 긴장된 표정으로 가속페달을 밟고 있었다. 빛의 예술인 사진은 날씨가 도와야 하고, 더구나 야생화 촬영은 오전 햇빛이 적격이라고 입을 모았다. 삼월말의 새벽 공기가 살갗을 오싹하게 했지만 걸출한 작품을 기대하는 프로들의 열정으로 차 안은 이내 훈훈해졌다.

야생화 마니아들은 먹는 게 중요하지 않았다. 김밥 몇 조각으로 끼니를 때우더니 이내 뒷자리에서 코 고는 소리가 들린다.

곤한 새벽잠을 들치고 나온 탓에 긴장이 풀린 모양이다. 서너 시간 북녘을 향해 내달린 차가 정선으로 접어들자 휘어진 산길이 끝없이 이어진다. 초행걸음인 나는 자못 상기된 표정을 숨기려고 새순 돋는 산천풍경에 눈길을 주고 있지만, 내심은 할미꽃 군락지가 빨리 나타나길 기다리고 있다. 거침없이 달리던 차가 어느 계곡 앞에 다다르자 목적지에 도착했다는 안내 음성이 들린다. 선잠을 깬 남녀 진사님들이 묵직한 카메라 장비를 메고 강변을 향해 걸음을 다잡고, 초보자인 나는 그들의 뒤를 따르며 이삭을 줍듯 할미꽃을 담을 참이다.

군락지 초입부터 보랏빛 할미꽃이 방실거리는데 모두들 스쳐 지나간다. 내 눈엔 모두 꽃인데 프로들의 안목엔 신통찮은 모양이다. 처음 보는 나만 가릴 것 없이 찍어댄다. 이토록 예쁜 할미꽃이 슬픈 할머니의 넋으로 피어났다니. 전래동화 속의 슬픈 사연이 할미꽃 위에 오버랩 된다. 부유한 큰손녀 집에서 구박받고 산 너머 작은 손녀 집을 찾아가다 죽은 자리에서 피어났다는 할미꽃이 새색시처럼 예쁘다. 동강할미꽃은 귓불에 솜털을 보송하게 덮어쓴 열아홉 신부처럼 아리따운 꽃이었다.

어느 분이 동강 할미꽃은 강물을 배경으로 찍어야 제격이라며 한 수 가르쳐 주고 지나간다. 정오가 되면 바위색이 허옇게 변해서 사진을 망친다고 재촉하는 말을 흘리고 가는 이도 있다. 사진은 햇빛이 비스듬히 비출 때 제 빛깔을 드러낸다는 건 귀동냥으로 알지만 빛이 사물의 명도와 채도를 쥐락펴락한다는 걸 새삼 느끼게 한다.

　동강할미꽃은 푹신한 땅을 두고 왜 하필이면 바위에 뿌리를 내리는지 궁금하다. 사람도 소견이 비슷하면 다툼이 잦는데 그걸 피해서 바위를 택했을까. 그러고 보니 할미꽃과 바위는 합일해서 살아도 평생 다투지 않겠다. 싸움도 급수가 비슷해야 일어나지 않던가. 꽃을 품고 있는 바위가 무슨 성질을 낼까. 예쁜 할미꽃을 보기만 해도 웃음이 절로 나올 테니까. 문득 자신이 비교된다. 타고난 외양이야 어쩔 수 없지만 마음만이라도 저 꽃처럼 음양의 조화에 이바지할 수 있으면 오죽 좋으리.

　수십 컷의 사진을 담았을 무렵 리더가 장소를 이동하자는 신호를 보내왔다. 동강의 비경을 간직한 평창군 미탄면 마하리 문희 마을로 가잔다. 문희는 마을을 지키던 개 이름인데 그대로 마을 이름이 되었을 만큼 인적 없는 오지란다. 옥수 같은 동강을 끼고 또 다른 할미꽃을 찾아 내달린다.

　절벽 틈마다 봉긋한 돌단풍은 돋았는데 할미꽃은 아직 앙다문 봉오리를 움츠리고 있다. 여기는 냉기가 아직 가시지 않은 땅이라 헛걸음했다고 수군대는데 멀리서 일행이 손짓을 한다. 강변 바위에 할미꽃이 무수히 피었단다. 마지막까지 작품사진에 몰입하는 그들의 자세가 진지하다. 접사렌즈로 흙바닥과 바위에 엎드린 탓에 행색이 남루하다. 하지만 좋은 작품 한 점 건질 수만 있다면 그깟 옷 따윈 신경 쓰지 않는다는 눈치다. 바람막이 점프에 강바람을 불룩하게 담고 꽃을 담는 진사님들은 야생화의 든든한 후원자들이다. 동강할미꽃은 그들의 사랑이 있어 혹독한 한파를 견디고 봄마다 다시 피어나는 성싶다. 수많은 카메라 세례를 받는 동강할미꽃이 사람보다 낫다는 생각이 든다.

할미꽃, 너희들을 부러워한다. 속절없이 이울어도 봄이면 다시 피어나는 생명력이 부럽고 너를 사랑하는 후원자들이 많아서 부럽다.

그녀의 줌마 병법

베란다 문을 열고 살핀다. 재활용품 장에 쓸 만한 물건들이 버려져 있으면 지체 없이 승강기를 타고 내려갈 참이다.

어느 날 재활용품을 버리러 갔다가 개시도 하지 않은 싸리나무 채반 세 개를 발견했다. 자연친화적인 채반의 효용가치를 모르는 어느 새댁의 소행인 것 같아 꺼림칙할 것도 없었다. 전을 부치고 어적을 구워 담기에 아주 적당한 크기여서 스스럼없이 들고 왔다. 버린 물건을 들고 오는 건 죄는 아니지만 신선한 짓거리도 아니기에 눈치를 살피게 된다. 들고 오면서 새댁의 시어머니나 친정어머니의 애석한 심정을 헤아려 보기도 한다.

 어느 날은 말짱한 게르마늄 항아리 세 개가 버려져 있어 또 탐심을 낸다. 살림살이에 때가 묻지 않은 신세대 주부들은 예쁘고 가벼운 플라스틱 용기를 선호하고 무거운 게르마늄 항아리는 부담스럽게 생각한다. 새댁들이 장아찌나 열무김치를 담그면 오래두어도 변하지 않는 질박한 순수성을 알 리 없다. 작고 암팡진 두 개는 매실 장아찌와 깻잎 장아찌를 담고 약간 큰 것은 김치항아리로 사용하면 안성맞춤이어서 또 들고 와버렸다.

 얼마 전에는 도자기 그릇을 박스 통째로 내놓아 눈을 번쩍 뜨게 했다. 이젠 아이들 혼사도 끝나고 잔치할 일도 없지만 아직도 그릇만 보면 탐심을 낸다. 크기가 층층인 쟁반부터 밥그릇 국그릇까지 손님상 차림용으로 품위 있는 그릇들이라 한가득 가져왔다. 포장도 뜯지 않은 유리 물병과 글라스까지 챙겨 와선 횡재했다고 콧노래를 부른다. 며칠간은 그릇장 문을 열 때마다 오밀조밀 가득 채워져 있어 행복에 겹더니, 어느 날은 그릇장이 비좁다고 구식 그릇들을 모두 꺼내 미련 없이 내다버리기도 한다.

 어제는 관리실에 가는 길에 반들거리는 항아리 두 개가 뚜껑까지 갖추고 있어서 또 갈등을 일게 했다. 대대로 물려받은 중

두리며 투박한 독을 거추장스럽다고 옥상에 올린 주제에 또 가져올까 말까 고민을 하다니. 수집광의 근성을 버리지 못해 한참을 망설이다 울컥 용기를 낸다. 자기 것은 내다버리면서 타인이 버린 항아리를 애지중지 들고 와서 말끔히 씻어놓고 올가을엔 꼭 장을 담고 싶다고 중얼거린다.

우리 집 베란다는 크고 작은 수목들이 우거져 새라도 날아들 듯하다. 20여 년 전부터 키운 거대한 관음죽과 파키라와 알로우카리아도 있지만 주민이 이사 가면서 버리고 간 나무들도 많다. 피치 못할 사정인지, 아니면 식물에 싫증이 났는지 키우던 나무들을 아파트 마당에 버리고 떠나버린다. 말 못하는 식물이지만 주인에게 버림 받은 심정이 헤아려져 집으로 들고 오는 것이다. 그렇게 모은 화분이 숲을 이루고 있어 아파트가 마치 작은 수목원을 방불케 한다. 아침마다 창문을 열어 신선한 바깥 공기를 불러들이고 물을 벌컥벌컥 들이켜게 해주며 그들과 속삭인다. 나는 너희들을 버리지 않겠다고.

며칠 전엔 K 선생이 붙박이장이 있는 아파트로 이사 간다며 장롱을 받으라고 했다. 탄탄하고 세련된 가구란 걸 알기에 아들이 거처하던 텅 빈 방을 채우려고 단번에 승낙을 해버렸다. 이 참에 내가 사용하지 않는 구질한 물건도 정리할 참이다. 헌옷은 물론이고 흡입력이 약한 청소기와 여분의 여행 가방과 속도가 느린 노트북을 내버렸는데 저녁 무렵에 비가 추적추적 내렸다. 십수 년을 함께한 물건들이 짠해서 살피러 갔더니 아니, 그새 누군가가 모두 가져가 버렸다. 정든 물건들이 비에 젖을까 걱정했는데 챙겨간 사람이 무척 고마웠다.

 나는 타인이 사용하던 물건을 꺼림칙하게 생각지 않는다. 이젠 단출하게 살겠다고 하더니 하얀 장롱을 들이고 나서 말이 달라진다. 가구가 젊으니 마음도 젊어진다고. 옷걸이에 줄줄이 걸려 있던 옷들을 옷장 안에 걸고, 휴대용 박스에 쟁여졌던 옷들도 서랍장 안에 넣으며 마음이 홀가분하다고 쾌재를 부른다. 버리긴 아깝고 입자니 유행 지난 롱코트도 키대로 걸게 되어 마음까지 쭉 펴진다며 수시로 장롱 문을 열어보곤 한다. 참으로 행복한 표정이다.

돌아온 부메랑

 예식을 마치고 잔치음식을 먹는 자리에서 생긴 일이다. 동기생 사오십 명이 겨우 들어갈 만한 식당이라 자리를 바짝 좁혀 앉았는데, 저쪽에 앉았던 친구가 나를 보더니 미소를 머금고 옆자리에 끼어들었다. 반짝거리는 명품 옷을 입은 그녀가 오랜만에 만났다고 하더니 뜬금없이 나의 심기를 건드리기 시작했다. 고기를 굽고 있는 나를 향해 "어야~어야~ 네가 그래 살 줄 몰랐다."며 부아를 돋우지 않는가. 아닌 밤중에 홍두깨라니. '뭐 이런 친구가 있어, 내가 어때서, 이래 살면 되지.'라는 말이 목구멍까지 올라왔지만 들춰봤자 체면 깎이는 일이라 못 들은 척 고기만 뒤적거렸다. 자기는 졸업비가 없어서 초등학교 졸업장도 못 받았지만 지금은 거부로 사는데, 춘궁기에도 하얀 쌀밥 도시락 싸오고 대처에 나가 공부했던 부잣집 딸이 왜 그렇게 풀리지 않느냐는 뜻이었다. 등줄기에서 식은땀이 흘러내렸다.

그녀가 모임에 나오면 돈 말 빼면 할 말이 없다고 불평하는 소리를 듣긴 했다. 세금 내지 않으려고 각 방 침대마다 돈다발을 묻어 두고 잔다느니, 몇 년 전에 U시에 삼십억짜리 건물을 샀는데 올해는 해운대에 팔십억짜리 빌딩을 샀는데 그걸 자식들에게 공동명의로 해줬으니 자기 딸에게 장가드는 총각은 몸만 오면 된다고 너스레를 떨더라고 했다. 또 사업에 실패한 형제들에게 집을 사주고 기천만 원의 여윳돈을 줬다고 돈 없는 친구들의 기를 왕소금 뿌리듯 한다더니 오늘은 내가 직격탄을 맞는구나 싶었다.

그 순간 내 눈치를 보던 다른 친구가 귀에 대고 "돈 자랑도 한두 번이지 우리가 이젠 식상해서 안 들어 주니 너한테 와서 저런다." 귀띔을 해줬다. 그나저나 시장골목에서 리어카 행상으로 출발한 소상인이 홈쇼핑까지 진출해서 대박을 터뜨렸으니 박수를 보낼 일이긴 하지만 나를 짓밟는 심사는 심히 못마땅하다.

저 친구가 나의 심기를 건드리고 싶은 이유가 그것만은 아닐 텐데 뭘까 곰곰이 돌이켜 보니 한마디 던진 게 있긴 하다. 언젠가 그녀가 우울증을 앓는다고 하소연을 하기에 딱한 나머지 "너는 여유로운 사람인데 바보처럼 집에만 있으니 우울증이 안 오나. 옷도 화사하게 차려 입고 어디든 취미생활을 하러 다녀라." 했는데 그 말이 오금에 걸렸는지 친구들에게 몇 번 들먹이더란다. 자기를 바보라 했다고. 우울증에서 벗어나라고 한 말에 '바보처럼'이라는 단어가 들어가 비수가 되었던 모양이다. 해서 오늘 내 가슴에 힘껏 부메랑을 던지는가 싶다.

친구의 비아냥거림을 받고 밥이 넘어간다는 건 수행이 되지 않고는 할 수 없는 짓이다. 불판의 열기와 속에서 올라오는 화기가 얼굴을 달구는 불편한 자리에서 석불처럼 앉아 생각에 잠겼다. '나는 세상에 나올 때 일용할 양식을 목이 긴 병에 담아 나왔고, 저 친구는 배가 불룩하고 입이 큰 독을 받고 태어났나 보다. 그래서 지금은 바가지로 푹푹 퍼내어 흔전만전 먹고 쓰는가 보다. 그렇다고 목이 긴 병을 받은 내가 한꺼번에 많이 쏟아 내겠다고 거꾸로 들면 더 막히게 된다. 4차선도로가 2차선에 접어들면 정체되는 현상과 마찬가지로. 병목현상의 운명을 타고 난 사람은 마음을 비워야 한다. 물질을 탐하기보다는 몸이나

돌아온 부메랑 **157**

관리하면서 정신을 맑게 해야 한다.'는 생각이 꼬리를 물고 일어났다.

 차이라면 큰 독을 가득 채운 친구가 제주 옥돔 구워 먹고 마블링이 낀 쇠고기 등심 먹을 때, 목이 긴 병을 가진 나는 간고등어 구워 먹고 타박거리는 돼지고기 다리 살로 김치찌개 끓여 먹으면 된다. 그녀가 날마다 명품가방 바꿔들고 백화점을 활보할 때 나는 국산가방이나 짝퉁 가방을 들고 다니는 게다. 또 그가 아들딸을 고급 아파트 사서 분가시킬 때 나는 전세 아파트나 오피스텔에서 출발시켜야 하는 게 다를 뿐이다. 세월은 정리 정돈하는 데 귀재이다. 반세기 만에 그 친구와 내가 가진 것으로 인해 이토록 희비가 엇갈릴 줄 아무도 짐작하지 못했다.

 정체된 거리에서 브레이크를 밟았다 뗐다 하면서도 짜증내지 않고 갈 수 있는 방법은 마음을 가라앉히는 하심이다. 나 또한 그와 같아야 한다. 나에게 부여된 병목현상의 복을 감질나다고 투덜거리지 말고 오히려 감사히 여길 일이나. 자고새고 일어나는 먼지를 털어내고 눌어붙은 묵은 때를 벗기면서 더 낮아져야 하리. 그러다 보면 지루하지 않게 종착역에 다다르지 않을까 싶다.

타인의 열매

　공양주의 방은 절 마당을 돌아앉은 외진 곳에 있었다. 방 앞 저만치에 노송 한 그루가 있었고 바람 부는 날이면 짭조름한 갯내음이 방안 깊숙이 밀려들었다. 소나무 가지에 보름달이 휘영청 걸리는 밤이면 그녀의 방에선 예외 없이 한숨 소리가 흘러나왔다. 깊게 내뱉는 한숨에 근심이 가득했지만 절밥 먹는 여인의 고뇌려니 묻지 못했다.

　그녀에게 아침부터 전화가 오면 외출 준비가 바빠진다. 맡은 소임을 부탁하고 버스 시각을 놓칠세라 바쁜 걸음을 친다. 무슨 사연이 있는 건 확실한데 스스로 입을 열지 않으니 물어볼 수 없었다. 어스름 저녁에 파김치가 되어 돌아오면 따끈한 차 한 잔을 권해도 속내를 털어 내지 않았다.

그러던 그녀가 하루는 "어야, 누가 아들 좋다 했노?" 맥주 캔을 터뜨리듯 툭 터져 나오는 소리에 원망이 가득하다. 자기네 친정은 팔자에 없는 아들 타령하다가 골병들었다며 막혔던 말문을 열기 시작했다.

그녀가 가족사를 봇물처럼 쏟아낸 건 나에게 마음 붙인 지 한참 후였다. 저녁공양을 마치면 그녀와 함께 경내를 빠져나와 눈썹달같이 휘어진 해변을 거닐었다. 조개껍질이 드문드문 박힌 백사장을 걷다가 시원한 바닷물에 발을 담그기도 하고, 모래밭에 앉아 이런저런 얘기로 마음의 경계를 허물기를 여러 날이었다. 그렇게 달포가 지났을까, 청춘 남녀들이 거닐다 간 발자국이 어둠 속에 묻힐 즈음 그녀가 감추고 있던 사연들을 풀어냈다.

그녀가 돌이 지난 아이를 업고 친정에 갔더니 약간 모자란 듯한 여자가 볼록한 배를 안고 사랑채 마당을 쓸고 있더란다. 못 보던 사람이라 아랫방에 사람 들였느냐고 여쭈었더니 그녀의 어머니가 맥없는 목소리로

"너거 아버지가 데리고 온 여자다." 마른하늘에 날벼락 같은

소리에 한동안 멍하게 앉아 있었단다. 제사 받들 자손이 없다고 탄식하는 소리를 누누이 들어왔기에 대를 이으려는 아버지의 심정은 이해를 했단다. 더군다나 조카를 양자로 삼았다가 돌아가버린 이후로 실의에 빠진 아버지의 마음을 모를 리 없었다. 나무둥치 같은 자식이라도 내 핏줄을 받은 자식을 낳고 싶다며 귀거래사처럼 되씹으시더니 기어코 씨받이를 들였구나 싶었단다.

원래 그녀의 친정에선 양자아들을 장가들여 한 집에 살았는데, 어쭙잖은 말 한마디에 유감을 사고 밤사이에 이불 홑청에 짐을 챙겨 야반도주를 해버렸다. 그녀의 아버지는 조카를 내 자식인 양 가르치려고 야단을 친 게 후회막급하다면서 그 일을 당한 뒤부터 친자식이 철천지한이 되셨다. 자식 없는 설움이 목까지 차올라 자나 깨나 아들타령이 끊이질 않았다.

그런 심정을 모르는 바가 아니지만 한 집에 두 여자를 데리고 살다니. 그러면서 미안해하는 기색조차 전혀 없으시다니? 오히려 대를 잇지 못하는 어머니를 원망하는 눈빛이 역력해서 아버지가 원망스러웠단다.

열 달이 차자 씨받이의 몸에서 아들이 태어났다. 늦은 나이에 얻은 자식이지만 보란 듯이 고추를 주렁주렁 꽂아 금줄을 쳤고,

산모의 방에선 미역국 냄새가 기세등등하게 풍겨 나왔다. 바지랑대를 높이 고여 하얀 기저귀를 펄럭이며 말렸고, 우렁찬 남아의 울음소리가 담장을 넘어 이웃으로 흘러갔다. 그녀의 아버지가 그때처럼 얼굴이 환하고 의기양양한 적은 없더라고 한다. 마치 개선장군을 방불케 했다나.

하나 씨도 중요하지만 밭도 중요하다는 말을 절감할 일이 벌어졌다. 태중에서 열 달을 자라던 아이가 어찌 어미의 영향을 받지 않겠는가. 아이가 유년을 넘어서자 모자라는 제 어미를 서서히 닮아가고 있었다. 어떻게 얻은 자식인가. 천신만고 끝에 몸부림을 쳐서 얻은 아들이 어눌한 짓을 하다니. 그녀의 아버지는 자식 하나도 마음대로 되지 않는다고 가슴을 쳤고 화병을 얻어 몇 년간 자리보전 하시다가 끝내 돌아가셨다 한다.

홀로 남은 그녀의 어머니는 피도 살도 섞이지 않은 타인의 열매를 남편의 자식이라고 애지중지 길렀다. 구차한 살림을 꾸리는 일도 힘든데 애물단지를 노년에 거두자니 허리가 휘어졌다. 아들은 머리는 저능아지만 힘은 장골이어서 걸핏하면 패륜아 짓을 서슴없이 해댔다.

간간이 친정엘 가면 어머니의 몸에 피멍이 들어 있었고 다그쳐 물으면 밭에 가다 넘어졌다고 거짓말을 둘러대더란다. 이웃이 귀띔을 해주지 않았으면 전혀 눈치채지 못할 뻔했다나. 그녀의 어머니는 씨받이 아들에게 수차례 구타를 당한 끝에 합병증으로 돌아가시고 말았다. 그토록 원하던 아들로 인해 양친이 모두 피멍이 들어 돌아가시다니! 장례를 치르면서 그녀는 피울음을 토했단다. 그리곤 악연이 된 이복동생을 정신병원으로 보내고, 시름을 떨쳐버리려고 해조음이 들리는 바닷가의 사찰에 공양주로 들어왔단다.

백사장이 흥건하도록 사연을 풀어내던 그녀가 말 맺음을 한다. 인연이 순조롭게 다가오지 않으면 굳이 몸부림을 치면서 자식 얻을 필요가 없다고 강조한다. 목이 긴 그녀의 눈에 눈물이 방울방울 맺힌다.

송암 선생님 작품

5부
꿈, 살려내다

답 없는 게 인생

　장지葬地에 나타난 그의 모습이 참으로 낯설다. 젖먹이 적 뽀얗고 토실했던 얼굴은 간곳없고 검은 피부, 곱슬머리, 비쩍 마른 체구, 어눌한 말투 등 정말 낯선 청년으로 변해 있었다. 마을 경조사가 있을 때마다 경운기를 몰고 나와 음료수 박스 등을 실어 주고 약간의 수고비를 받는다는 그의 형색이 남루하기 이를 데 없다. 그가 친구 집에 입양되어 왔을 때를 나는 기억한다. 화롯불에 얹어둔 암죽 양재기와 그가 빨아먹던 고무젖꼭지며, 강보에 싸인 채 새록새록 잠자던 숨결이 여태 기억 속에 남아있는데 저 모습이라니!

마을사람들은 그 집을 두부집이라 불렀다. 대숲에 함박눈이 쌓이고 울섶이 휘청거리는 풍세 사나운 밤이면 예외 없이 그 집 삽짝은 분주해졌다. 적적하고 추운 겨울밤을 달래기 위해 한담을 풀어내던 어른들이 까까머리 아이들에게 두부를 사러 보내곤 했다. 구수한 손두부에 잘 익은 김치를 얹어 먹으며 맷돌을 돌리는 그 여인을 칭찬했다. 겨울 내내 맷돌을 돌리면서도 피곤한 기색이라곤 없다고.

비록 가장은 불출했지만 친구 어머니는 마을 부녀자들 중에서 똑똑했고 깨어 있었다. 가난에 찌든 그 집에 일가친척들이 양자 보내기를 꺼려했는지 과감하게 타인의 핏줄을 입양해 온 것만 봐도 열린 마음으로 사는 듯했다. 부족한 남편을 멸시하지 않고, 입양해온 아들을 차별 않고 길렀으며 간간이 발작을 해서 가슴에 대못을 치는 큰딸을 운명이거니 품고 살았다. 유일하게 나의 친구만은 온전했으나 딸이었기에 입양아들을 들여왔을 터이다.

입양아가 쑥쑥 커갈 무렵, 세월은 그녀의 가족을 정리하기 시작했다. 지천명의 나이를 넘긴 친구 아버지를 저세상으로 데려갔고, 곧 이어 골병을 들이던 언니까지 거두어 갔다. 친구 어머니에게 남은 가족이라곤 온전한 작은딸과 타인의 핏줄인 양

아들뿐이었다. 동네 사람들은 그녀의 속을 태우던 애물들이 떠난 건 차라리 다행이라고 했다.

하나 가관인 것은 타인의 핏줄이 갈수록 양아버지를 닮았다는 게다. 아들의 하는 짓이 어쩜 저렇게 피도 살도 섞이지 않은 애비를 쏙 빼 닮느냐고 보는 이들마다 신기하다고 수군거렸다. 그는 구구단도 외우지 못 할뿐더러 이름 석 자도 겨우 적는 지적장애자였다. 왜 하필이면 두뇌가 발달하지 못한 아이를 입양하게 되었는지 통탄할 일이었다. 보통의 사람들은 그럴 때 신을 원망하고 운명을 들먹이게 된다.

하나 그 부인네는 남달랐다. 불행 앞에서 인간의 진면목이 나온다더니 진정한 사랑을 실천하는 박애주의자였다. 핏덩이 때부터 키운 정 때문인지 구박은커녕 가엾게 여기며 애지중지 보살폈다. 인연 따라 찾아온 핏줄을 온몸으로 품어 키웠다. 권선징악의 법칙을 따르자면 복 받을 여인이있다. 그 아이의 행동을 보면 이미 희망의 등불은 꺼진 셈인데도 처연하고 정온했다. 그만큼 실의에 빠지면 궤도를 이탈해서 추문에 휩싸이기도 하련만 오로지 일상에만 충실해서 마을사람들의 칭송을 아낌없이 받곤 했다.

친구 어머니가 청춘을 잠재운 곳은 밭고랑이었다. 지열이 후

끈 달아오르는 밭이랑에 엎드려 풀을 매다 한이 울컥 차오르면 산비둘기 우는 골짜기를 향해 훌훌 날렸을 테고, 장날마다 푸성귀 팔고 딸네 집에 가는 것만이 유일한 외출이었다. 복날이면 약병아리 고아 아들 보양식 해 먹이고, 오일장마다 생선마리를 사다 영양보충을 시킨다고 이웃들의 입소문을 탔다.

몇 년 전 그 여인의 핏줄이라고 단 하나 남은 친구마저 세상을 떠났다. 열사의 땅, 사막을 가는 길이 저렇게 힘이 들까. 친구 어머니께 월아천이었던 온전한 딸이 어머니 앞에 가다니! 마지막 남은 희망의 등불마저 사막의 바람이 가뭇없이 꺼버렸다. 이제 기력이 다한 노인은 풀 한 포기, 물 한 모금 나지 않는 황막한 사막을 무슨 힘으로 건너가실까.

팔순의 끝자락까지 속이 내려앉은 그 노인을 꼭 한 번 찾아뵙고 싶었다. 응달진 산 밑으로 차를 몰았더니 조붓한 농로 위로 경운기 한 대가 지나간다. 마침 아들이 모는 경운기를 타고 밭으로 향하는 길이었다. 클랙슨을 눌렀더니 노인이 뒤돌아보고 희미한 기억을 더듬으신다. 한참 후 긴 세월에 변한 나를 알아보고 덥석 끌어안는다. 나를 아직도 기억하고 계시다니. 노인의 가슴속에 마그마같이 북적대는 설움이 울컥울컥 터질 듯하다. 거친 손으로 눈물을 훔치며 "이젠 나도 가야 하는데 저 아들

때문에 눈을 못 감는다." 하신다.

  이제 아득한 사막의 끝이 저만치 보이는 걸까. 그 끝이 월아천이라면 얼마나 좋을까.

고래심줄은 자를 수나 있지

　회사에서 연락이 왔다. 수출발주가 급작스레 많이 나서 일을 다잡아야 한다는 지시전달이다. 만들어 놓은 재고가 없는데 납기일을 다잡으면 바짝 긴장이 된다. 이럴 때 최후의 보루처럼 떠오르는 분들이 B주공아파트의 할머니들이다. 그 아파트의 할머니 세 분에게서 나오는 물량이 젊은 새댁들 여남 명과 맞먹기 때문에 급한 일만 생기면 일감을 싣고 막무가내로 찾아가는 것이다.
　복도 맨 끝집 할머니는 사람이 찾아가도 허리가 아파서 일어서지 못한다. 일감을 손에 쥔 채 앉아서 인사를 건네신다. 급한 일감을 가져와서 미안해하면 일거리가 많아서 좋다며 도리어 안심을 시켜주곤 한다. 그 댁의 들머리 벽엔 스테인리스 봉 손잡이가 붙어있고 대문 옆엔 할머니의 외출을 기다리는 유모차가 벽에 기대어 있다. 할머니는 허리가 아픈데도 일 욕심이 대단하시다. 매주 목요일 아침이면 어김없이 전화가 온다. "오늘도 일거리 많이 보내주지를." 할머니가 일 욕심을 부리시는 이유가 있다.

이태 전, 광고를 냈더니 연세 지긋한 할머니로부터 전화가 왔다. 회사에서 만만찮은 거리라 마음이 내키지 않았지만 간절한 부탁을 거절할 수 없어서 찾아갔다. 들국화가 무리 지어 핀 갈치고개를 넘어서 달려갔더니 불면의 밤을 견디지 못해 일거리를 찾는다며 고민을 내비쳤다. 이유인즉 지난해 겨울에 따님이 뇌종양으로 세상을 떴는데 밤마다 천장에서 환영이 어른거려 잠을 이룰 수 없다 하신다.

사연을 듣고 난 내 마음에 잔잔한 파문이 일었다. 목요일 아침마다 할머니에게 얄팍한 봉투를 챙겨 보내곤 한다. 할머니에게 몇 푼의 돈은 한 주를 살아가는 희망이며 생활수단이다. 기사 편에 돈을 보내지 못한 날은 일부러 B주공아파트를 찾아가면 어두웠던 할머니의 얼굴에 웃음꽃이 피어난다. 언젠가 한여름 더운 날에 수박 한 덩이를 사들고 할머니를 뵈러 갔다. 가뜩이나 가슴에 화가 찬 할머니를 열네 평 좁은 공간에서 일만 하게 만든 것 같아서였다. 속이 벌건 수박을 섬벅 잘라드렸더니 "이 시원한 수박도 우리 딸은 못 먹는다."며 눈물을 왈칵 쏟으셨다.

할머니와 만난 세월이 3년이 지났다. 날로 기력이 쇠해가는 할머니가 요즘 들어 부쩍 일 욕심을 낸다. 쉬엄쉬엄 하라고 만류했더니 땅이 꺼지게 한숨을 쉬며 군대에 복무하는 아들이 청천벽력 같은 소식을 전해 왔단다. 놀랍게도 아들마저 뇌종양이 악화되어 퇴직을 했다니. 암담한 소식을 어쩔 수 없이 전한 모양이다.

퇴직을 했으니 관사에서 나와야 하고 이젠 집 걱정까지 해야 한다. 퇴직금으로 작은 아파트를 얻었지만 달세가 50만 원이란다. 며느리 혼자 수입으론 병원비와 생활비를 감당하기 힘들어 할머니가 달세의 일부를 수고 싶어 하신다. 그래서 굽은 허리로 더 열심히 부업에 매달리신다. 의성 반촌에서 예의범절 반듯하게 살아오신 노인에게 이 무슨 운명의 장난인지 모를 일이다. 자식들이 두 명이나 뇌암을 앓다니. 노인의 가슴에 멍을 들이는 유전인자가 맹수보다 더 무섭다. 몇 년 전, 할머니도 위암수술을 하셨다는 걸 알고 있다. 조상으로부터 물려받은 유전으로 한 가족이 세 명이나 암에 걸렸다. 그런 이유로 큰아들은 아예 자식을 낳지 않는단다. DNA를 원망하면서 단호한 결정을 했다는데 그건 현명한 판단인지도 모른다.

가족의 내림은 어쩔 수 없다. 혼인을 할 때 그 댁 가족 중에 일찍 돌아가신 분이 계시면 반드시 어떤 병으로 돌아가셨는지 수소문을 한다. 또 가문에서 '사'자 돌림이나 학자가 나왔다면 좋은 혈통이라고 환호하는 것도 그래서이다. 혈통은 현대의학으로도 어쩔 수 없는 정확한 내림이기에 운명적이기도 하다.

수십 년 전 나에게 혼삿말이 오고 갈 때가 떠오른다. 선을 본 뒤 어머니가 무슨 병으로 돌아가셨는지 물었을 때의 씁쓰레한 기분이 아직도 지워지지 않는다. 할머니 가족의 질긴 유전성을 보며 불편한 그 질문을 왜 했는지 이제야 알겠다.

질긴 고래심줄은 자를 수나 있지만 사람의 혈통은 나쁘다고 자를 수 없다. 인간의 영원한 숙제이다.

서출지에서

경주 남산자락은 노천 박물관이다. 그중에서도 신라 소지왕의 전설을 품고 있는 서출지를 찾아가면 연못 속에서 봉투를 든 노인이 등장할 것만 같다.

신라 소지왕이 488년 남산 기슭에 있었던 천천정에 거동하였을 때, 까마귀와 쥐가 와서 울더니 그중 쥐가 사람의 말로써 '이 까마귀가 가는 곳을 쫓아 가보라'고 하므로 괴이하게 여겨 신하를 시켜 따라가 보게 하였다. 그러나 신하는 이 못가에 와서 돼지 두 마리가 싸우고 있는 것에 정신이 팔려 까마귀가 간 곳을 잃어버리고 헤매고 있었다. 그러던 중 못 가운데서 한 노인이 나타나 봉투를 건네주므로 왕에게 그 봉투를 올렸다.

왕은 봉투 속에 있는 내용에 따라 궁에 돌아와 거문고갑을 쏘게 하니, 왕실에서 분향하는 승려가 궁주와 서로 흉계를 꾸미고 있다가 죽음을 당했다는 것이다. 이 못에서 글이 나와 궁중의 간계를 막았다는 뜻에서 못 이름을 서출지라 하게 되었고 이로부터 음력 1월 15일에 까마귀에게 제삿밥을 주는 오기일의 풍속이 생겼다고 한다.

서출지의 원래 지명은 '양기지'이고 '이요당' 당호는 태평연월이다. '뒤에는 산이 있어 즐겁고 앞은 물이 있어 즐겁다.'는 뜻이란다. 당호만큼 주변 풍광이 운치가 있어 나그네 마음도 풀어져도 되겠다 싶다. 고즈넉한 이요당 정자 벽엔 〈개견이인사 불개일인사〉 편액이 걸려 있다. '겉봉을 열어보면 두 사람이 죽고 열지 않으면 한 사람이 죽는다.'는 의미 심상한 글이다. 정책적인 계략은 모두 무겁다. 꽃구경 왔다가 한 줄의 글을 읽고 섬뜩함을 느낀다. 소지왕은 쥐와 까마귀로 인해 나라 뒤엎을 술책을 알게 되었으니 그들이 얼마나 고마웠을까.

그런 전설 때문인지 주위가 섬처럼 고요하다. 출사 나온 카메라맨도 숨을 죽인 채 사진을 담고 산책 나온 남녀들도 가만가만 속삭이며 꽃구경을 한다.

노송이 우거진 오솔길에서 신라 천년의 발자취를 더듬고 간다.

섬 할머니

　장수하는 비결을 취재하는 기자가 섬마을의 할머니를 비추고 있다. 깊은 바닷물에서 물질을 하며 평생을 살아오신 백 세 노인이다. 노인은 건강한 삶을 소개하는 프로그램에 선택되어 영광스럽다고 하신다. 하지만 PD가 보여 주려는 의도와는 달리 할머니의 삶은 지루하게 비춰진다. 오래 사는 게 대수가 아니라 얼마나 사람대접을 받고 사느냐가 문제인 것 같다. 사람이 살면서 세운 목표 중에 첫 순번이 무병장수인데 그게 행복이 아니라는 생각이 들게 한다. 인생은 결코 만만치 않다는 교훈을 주고 있다.

남해안의 작은 섬마을은 할머니가 태어나서 지금까지 살아오신 터전이자 종착역이다. 그곳에서 가정을 이루며 호호백발 백년을 사신 것이다. 밀려오는 풍랑만큼 사연도 많을 테지만 아직도 할머니의 건강은 정정하시다. 고기잡이하던 남편은 젊은 날 풍랑에 휩쓸려 돌아가셨고 할머니가 가정을 꾸리며 살아오셨단다. 바람이 거친 날은 황토밭에서 푸성귀를 가꾸고, 물결이 잔잔한 날은 수심 깊은 바다에서 해산물을 따서 자식들을 키우셨다. 당신의 노후는 당연히 자식들이 보장해 주리라 믿었지만 인생은 예상대로 되질 않는다. 세월은 할머니의 기력을 앗아가 버렸고 자식도 한둘은 먼저 세상을 떠나 버렸다.
　장수하신 모습에 카메라의 초점을 맞추고 있는데 나는 그 할머니의 표정을 관찰하고 있다. 얼마나 행복한 삶을 살고 계실까? 의아스런 눈길로 보고 있던 중, 며느리의 한마디가 장수는 복이 아니라 재앙이라는 생각이 들게 한다. 살아 있는 자체가 송구스러워 몸 둘 바를 모르게끔 휘살기는 황야의 바람 소리 같다. 셋째 아드님 내외와 함께 생활하시는데, 일흔은 넘어 보이는 며느리가 미역국을 끓이고 상추쌈을 곁들인 밥상을 들이밀며

　"어서 많이 잡사, 많이 묵고 또 한 십 년 더 살아야지."

어투가 덕담인지 악담인지 묘하게 들린다. 어쩌면 어른 앞에서 그렇게 반말로 비아냥거릴 수 있는지? 방송에 나간다는 걸 엄연히 알면서도 시모님을 거추장스런 물건처럼 대하는데 일상생활에서는 오죽할까 싶다. 큰아드님과 둘째 아드님은 이미 오래전에 할머니 가슴에 묻혔다고 한다. 긴 세월에 험한 모양새만 보면서 기죽어 사는 할머니가 가엾고 측은하다. 식성 좋은 것조차 탐탐치 않게 보는데 눈치는 오죽 주겠는가. 지지리도 오래 살아 지겹다는 소리를 밥 먹듯 할 것 같은 눈빛을 읽었다. 의식 없는 사람 앞에서도 그럴 수 없는 게 사람의 도리다.

부모는 자식을 가슴에 묻으면 죽지 못해 살아 간다. 살고 죽는 걸 마음대로 할 수 없어 억지로 살고 있는데 명이 길다고 눈치를 주면 어떻게 해야 할까. 개가 죽어도 영혼을 달래려고 천도재를 지내는 사람이 있는데, 하물며 시모님을 지겨워해서야 될 말인가. 때로는 속마음이 그렇더라도 보는 앞에서 표현은 하지 않아야 한다. 뿌리를 대수롭지 않게 여기는데 줄기와 잎은 무성할는지 싶다.

노할머니도 젊은 날엔 자식을 낳아 사회구성원을 만드는데 일익을 담당하셨다. 꽃다운 나이엔 싱그러운 꽃송이처럼 탐스러웠을 터인데 긴 여로에 상처만 받는 것 같아 마음이 아프다.

망연히 앉아서 듣고도 못들은 척 잠잠한 표정이 이미 달관의 경지를 넘어선 것 같다. 당신 손으로 자식들 먹이려고 풋나물 삶아 무치고, 된장 뚝배기 보글보글 끓이던 그 시절을 얼마나 그리워하실까. 할머니의 마음이 눈에 본 듯 그려진다.

그 할머니께 달려가고 싶다. 바닷가 언덕배기 토질 좋은 밭에 옥수수, 감자 심어놓고 만선으로 돌아오는 고깃배 기다리며 할머니의 말벗이 되어드리고 싶다. 도회지의 회색 땟국물 활활 씻어내고 참 인간으로 살고 싶다. 갯바람에 피부가 거칠어져도 폐부 깊숙이 싱그러운 공기 들이켜며 할머니의 서러움을 달래드리고 싶다. 할머니의 가슴에 박힌 비아냥거리던 말투를 빼드리고 그 상처에 카네이션 꽃 한 송이 피어나게 하고 싶다.

파도 소리가 회심곡처럼 들리는 섬마을의 영상이 지워지지 않는다.

그 겨울의 종소리

고향마을의 겨울밤은 물밑처럼 조용했다. 저녁 해가 설핏해지면 창공을 배회하던 까마귀들도, 재재거리던 참새들도 제 둥지로 날아가고 온 마을에 고요가 내려앉았다. 간혹 뉘 집 개가 마실 다니는 사람을 보고 컹컹 짖어대는 것 외는 적막강산이 따로 없었다. 마을 한복판에 고목이 된 미루나무가 하늘을 찌를 듯 서 있었고, 그 나무엔 종이 댕그랗게 매달려 있었다. 그 종은 마을에 위급한 상황이 생기거나 불이 났을 때 구조요청을 할 목적으로 매달아 놓은 것이다.

어느 해 겨울, 마을사람들이 곤히 잠든 깊은 밤에 미루나무에 달린 종이 다급하게 몇 번 울렸다. 소름이 확 돋는 한밤의 종소리에 어른들께서 급히 일어나셨다. 어느 집에 불이 났을 거라며 들통에 물을 담아 황급히 윗마을로 올라 가셨다. 잠결에 담장 너머로 목을 빼고 살펴보았지만 불길도 보이지 않고 비명 소리도 들리지 않았다. 한참을 지나자 어른들께서 빈 들통을 들고 들어오시면서 불난 게 아니라고 했다. 그럼 도둑이 들었느냐고 여쭈어도 너희들은 몰라도 된다고 해서 궁금증이 일기 시작했다.

윗마을 어느 집에 방학을 맞아 참한 여고생이 외할머니 댁에 와있었다. 그 집 아래채엔 노모와 장가 못 간 아들이 셋방살이를 하고 있었는데 대처에서 온 그 여고생을 탐했던 것이다. 얼굴이 뽀얗고 몸매도 적당히 살이 올라 청년들이 눈길을 보낼 만큼 싱그러웠다. 그 청년은 주인집에 연세 많은 할머니뿐이어서 두려울 게 없었던 모양이었다. 사리 판단이 흐린 그가 한밤에 여고생의 방을 덮친 거라고 했다.

불이 났으면 불이야! 불! 목청껏 외치면서 긴박하게 종을 치는데 그날 밤의 종소리는 다급하긴 해도 몇 번 치다가 멈추는 게 이상했다. 위급해서 마을사람들의 도움을 받으려고 종을 쳤는데 막상 치고 보니 남부끄러워 그만둔 것이리라. 모두들 유교풍이 강한 보수적인 마을에 객이 들어와 구정물을 흐려 놓았으니 그냥 두어서는 안 된다고 입을 모았다. 그 청년은 몰매 맞을 일을 저질렀다고 무릎 꿇고 사죄했지만 어림도 없는 일이었다. 서둘러 마을에서 내쫓아 버렸다.

그 겨울의 종소리가 잊어지질 않는다.

〈퍼즐〉을 읽고서

　라대곤 회장님을 영별한 지 벌써 삼 년이 지났다. 자제분의 결혼식장에서 면면이 손을 잡고 반겨 주셨는데 그게 마지막 인사가 될 줄이야. 생전에 가까이 다가서지 못해 절절한 추모의 글을 쓸 수 없어 안타깝다. 대신 투병 중에 마지막으로 남기신 단편소설 〈퍼즐〉을 읽고 에둘러 펼친 애국심과 문학정신을 배우려 한다.

　〈퍼즐〉의 공간적 배경은 군산의 명산(유곽골)시장이다. 주인공 병구는 일제강점기시대에 태어나 출생지도 모르고 족보도 없는 고아이다. 해방이 되기 직전 해 유곽 여주인 에이꼬의 몸종으로 와서 실제 나이보다 십 년이나 늦게 호적에 등재된 사람이다. 어려서 이름은 가내야마였고 별명은 쪽발이다. 사람들은 그를 왜놈이 유곽여자에게 뿌리고 간 씨라고 추측한다. 시대적인 혼란 속에서 남녀가 만나 책임감 없이 아이를 출산한 뒤 버린 셈이다. 이곳 사람들은 군산항에서 쌀을 실어가는 왜놈들의 소행 때문에 쪽발이라면 치를 떠는데 병구를 곱게 볼 사람은 아무도 없다. 주위 사람들에게 미운 털이 잔뜩 박혔다.

하지만 출신성분이야 어떻든 그도 생명을 부여 받은 엄연한 인간이다. 소설 초반부는 시대를 잘못 타고난 고아였기에 가여웠고, 중반부는 만복상회 주인 박 사장이 혈혈단신인 그를 쪽발이라 불러대며 쉴 틈 없이 부려 먹어서 측은했다.

사람은 교육을 받아야만 참 인간이 된다. 부모의 슬하에서 참다운 가정교육을 받고 예절을 익히며 글을 배워 사람의 도리를 깨우친다. 한 단계 더 높이 지식교육을 받은 다음 사회의 필요한 구성원이 된다면 더욱 바람직하겠다. 교육을 받지 않고 자라면 속에 잠재된 동물적인 야성이 부끄러운 줄 모르고 활개를 친다. 간혹 개천에서 태어나도 용이 되는 경우가 있지만 그건 드문 일이다. 만복상회 주인이 병구에게 비인간적으로 대하는 짓거리를 보며 교육의 필요성을 절실히 느낀다. 아마도 박 사장이란 사람도 병구 못지않게 불행하게 자란 사람인가 싶다.

주인 박 사장이 정치바람이 잔뜩 들어 가게를 소홀히 하자 병구가 이중장부를 하기 시작한다. 잘못된 짓이지만 촌치도 배려 없는 주인의 소행 때문에 앙심을 품고 있는 점원으로서는 충분히 할 수 있는 일이다. 주제 파악 못 하는 주인이 가게는 신경 쓰지 않고 시의원이 되겠다고 돈을 축 내는데 어느 점원이 살뜰히 챙길까. 그것도 평소에 사람대접은커녕 소 부려먹듯 인정머리 없는 주인인데 충성할 이유가 없다. 병구는 회사에서 공급받는 밀가루 대금은 외상으로 미루고 수요자들에겐 현금을 받으면서 싸게 팔아 일종의 비자금을 만든다. 그 돈이 병구가 일어설 수 있는 발판이 된다. 유곽골 시장상인들에게 일수놀이를 시작했고 짭짤한 이자수입은 밀가루 가게의 작은 수입과는 비교가 되질 않는다. 그나마 섬처럼 외로운 병구의 인생에 재운이 들어왔다고 안도의 숨을 쉬어보는데….

그것마저도 잠깐이다. 피붙이라곤 없는 땅에서 핍박 받으며 자란 병구에게 돈은 생명이자 전부다. 친구 '오가'에게도 밥 한 끼 사는 게 아까워 벌벌 떤다. 간간이 술이 취하면 일본노래를 흥얼거리거나 혼잣말을 할 때면 영락없는 쪽발이다. 오 영감은 병구의 소싯적부터 지금까지의 내력을 샅샅이 알고 있는 사람이다. 하지만 속을 드러내지 않아 그가 무슨 꿍꿍이수작을 꾀하는지 알 수 없다. 돈의 힘으로 거들먹거리는 병구 뒤에서 콧방귀를 뀌는 걸 보면 모종의 계략을 품은 듯하다.

인간은 희망이 없으면 살아야 할 가치를 못 느낀다. 병구는 수수께끼 같은 그 금괴를 찾는 게 일생의 꿈이다. 금괴만 찾으면 한순간에 운명이 뒤바뀐다는 희망 때문에 그는 살고 있다. 시장 사람들과 박 사장으로부터 인간 이하의 멸시를 받으면서도 참아 낼 수 있었던 건 무궁화란 암호로 숨겨진 허상의 금괴 힘이다.

해방이 되기 바로 전날 밤에 수양어머니 에이꼬에게 한 남자가 커다란 상자를 끌고 찾아왔다. 인사하려고 방에 들렀다가 급히 쫓겨난 병구는 빛이 새어나오는 나무공이 틈으로 안을 들여다보다 깜짝 놀란다. 남자가 누런 황금덩이를 에이꼬 앞에 두고 "무궁화"라고 속삭이고 있었다. 그 소리를 들은 며칠 뒤 에이꼬가 일본으로 건너가면서 "너는 나의 수양아들이다. 곧 돌아올 테니 모든 걸 맡아 있으라."고 당부하고 갔다. 하지만 그녀가 떠난 뒤 온 집안을 뒤져봐도 금괴는 찾을 수 없었다. 그리고 해방이 되자 에이꼬는 영영 돌아오지 않았고 지금까지 금괴의 행방도 묘연해졌다.

아니나 다를까, 어느 날 오 영감이 병구 앞에 검정양복을 빼입은 일본의 야쿠자 몇 명을 데리고 나타났다. 그들은 일본의 에이코가 보냈다면서 금괴의 암호 '무궁화'를 들먹거린다. 병구의 심리를 꿰뚫고 있는 오 영감이 청년들을 시켜 연극을 하기 시작한다. 희미한 지면을 펴놓고 낙원식당의 나무 밑에 금괴가 묻혀 있다는 정보를 흘리면서 기뻐한다. 그 꼬임에 빠진 병구는 전 재산 다 넣고 빚까지 얻어서 낙원식당을 사들인다. 하나 손톱에 피가 나도록 땅을 파도 금괴는 나오지 않았다.

병구의 사무실에서 잔심부름이나 하는 오 영감이 낙원식당 주인이란 걸 꿈엔들 알았으랴. 아니, 돈 백만 원을 갚지 못해 몸으로 때우던 그가 병구의 전 재산을 몽땅 빼앗아갈 줄 누가 알았으랴. 수십 리 물속은 알아도 한 길 사람 속은 모른다는 옛말이 어쩜 그리도 딱 들어맞는지 탄복할 노릇이다.

가엾지만 병구는 일본사람의 씻술이나. 병구의 조싱인 왜놈들이 36년간 우리를 잔혹하게 짓밟은 보복을 오 영감이 출소해서 갚아 준 셈이다. 사람은 겉으로 보고 판단 할 게 결코 못 된다. 어수룩한 차림새라고 낮추어 보면 큰코다치기 십상이다. 일본인 역시 조선인들을 식민지로 만들어 못 할 짓거리들을 얼마나 많이 했는가. 세월이 갚을 것이다.

　군산을 대표하는 소설가 라대곤 회장님은 쌀을 수탈해간 군산항의 아픔을 펜으로 보복하셨다. 투병 중에도 평생 잊을 수 없는 일본인들의 괘씸한 소행을 병구라는 캐릭터를 등장시켜 보복을 하셨다. 작품 속의 주인공 선택과 현실감 넘치는 배경과 복잡한 사건을 구상하신 집념에 큰 박수를 보낸다.
　라대곤 회장님! 〈퍼즐〉 한 작품만으로도 애국정신을 물씬 느낍니다. 이제 편히 영면하소서.

꿈, 살려내다

　요란한 전화벨 소리에 잠이 깼다. 불길한 예감에 허둥거리며 수화기를 들었더니 경찰관이라는 분이 아들의 이름을 확인한다. 교통사고가 났으니 H병원으로 급히 오라면서 생명에는 지장이 없다는 말을 덧붙인다.
　응급실에 들어서자 말과는 다르게 상황이 급박하다. 의사와 간호사가 침대에 누워서 비명을 지르는 아들을 잡고 사진을 찍느라 분주하다. 의식을 확인하려고 아이의 이름을 불렀더니 비명소리만 질러댄다. 간호사가 고통을 덜어주려고 진통제 주사를 놓자 일순 비명소리가 사라졌다. 그리곤 얼굴이 새하얗게 변하면서 머리를 좌우로 두어 번 흔들었다. 난 천장이 떠나갈 듯 부르짖던 고통이 주사약의 효력으로 가라앉는 줄 알았다. 그게 숨을 거두는 길이라는 걸 황당한 내 의식으론 판단할 수 없었다.

수련의가 다급하게 전문의를 불렀고 달려온 의료진이 심폐소생술을 시작했다. 처음 당해보는 사투의 현장에서 의사는 하늘에서 내려온 신이었다. 모니터에 그래프가 가물가물 꺼져가도 의사니까 살려내리라 믿었다. 전기 충전기를 들이대도 공중으로 튕겨 오를 뿐 호흡이 터지지 않았다. 그래도 잠시 후 살아나리라 믿었다. 한데 혼신을 다한 의사가 아들의 몸에서 손을 떼며 나의 눈을 피했다. 그리곤 머리를 숙여 죄송하다고 했다. 왜 나에게 사죄를 하는지 정신이 혼미했다. 그냥 아파죽겠다던 아들의 몸만 주무르고 있었다. 아들은 그렇게 한 줌의 재로 만경창파에 뿌려졌다.

당해 보니 울음은 덜 답답해야 울 수 있는 제스처에 불과한 거였다. 아들의 방문을 열면 싱긋 웃는 사진과 아끼던 옷가지들이 정체된 시간 속에 주인을 기다리고 있었다. 북받쳐 오르는 서러움을 토해내고 싶어도 이웃이 부끄러워 꾹꾹 삼켰다. 눈만 뜨면 영정사진이 기다리고 있는 법당을 찾아가 종일토록 쳐다

봤다. 갈급한 마음은 법문으로 채우고 타들어가는 목은 냉수로 축이면서 다시 어미의 품으로 돌아오는 환상을 그리고 있었다. 집으로 돌아와 마저 뿌리지 못한 유골함을 보면 내 속이 화산처럼 터질 듯했다. 온 산야를 헤매도 어디에도 내 아들을 묻을 곳이 없었다.

막재齋를 앞두고 양복과 구두를 사러 대학로를 찾았다. 팔척 장신에 맞는 옷을 사고 신발 문수를 고르다가 참았던 눈물이 왈칵 쏟아졌다. 신발가게 아저씨가 눈치를 알아채고 생면부지의 나에게 할 말이 없다고 위로했다.

거리에 나서자 스쳐가는 청년들의 풋풋한 살 내음, 청바지 입은 긴 다리, 손잡고 걷는 젊은 연인들의 모습이 금덩이보다 부러웠다. 그토록 즐겨 듣던〈애인〉의 주제곡이 거리에 울려 퍼져도 들을 수 없는 영혼이 가련했다. 살아 숨 쉬는 벌레 한 마리도 가버린 아들보다 복이 많다 싶었다. 우리도 남들처럼 부자로 살아보자며 들려주던 언약이 귓전에 맴돌았다. 어둠이 내려앉는 퇴근시간이면 베란다 문을 열고 뚜벅뚜벅 귀가하는 청년의 환상을 본다. 주인 없는 텅 빈 방, 보물처럼 아끼던 휴대폰, 즐겨먹던 쇠고기국 등 좋아하던 모든 걸 고스란히 남겨두고 한 마리 새처럼 날아간 자식! 보고 싶어 속이 녹아내린다. 잘해

준 건 하나도 없고 채찍질한 말들만 석탄처럼 새까맣게 가슴에 쌓인다.

　법당에 머물던 49일 동안도, 마지막 옷을 태우는 소각장 앞에서도 환생하라고 갈구했다. 피지 못한 생명이 다시 돌아오는 것만이 절절한 염원이었다. 청청한 젊은 목숨을 거둔 영가를 위해 일심으로 기도해준 스님께 엎드려 삼배를 드렸다. 가슴에 자식을 묻은 나에게 한 가닥 희망의 끈을 쥐어주고 싶었을까. 녹차를 따르는 스님께서 "재齋가 끝나면 반드시 현몽한다."고 장담을 하셨다.

　1997년 음력 사월 초사흘 새벽,
　내 앞에 북통같은 자루가 놓여있다. 궁금해서 다가서자 자루가 툭 터지면서 신생아가 아장아장 말을 하면서 걸어 나온다.
　"아니, 네가 다시 오다니!!! 어떻게 된 일이냐?"
　"엄마, 하느님께서 아직 올 때가 멀었다며 돌아가라고 해서 왔어요."
　아랫도리를 보니 아들이었고 탯줄을 자르려고 가위를 드는 순간 꿈에서 깨어났다. 벽에 걸린 시계가 정각 6시였다. 맏손자를 잃고 실의에 빠진 시어머님께 꿈 이야기를 드렸더니 환생했다 하시고, 반드시 현몽한다고 하신 스님께도 꿈 이야기를 드리자 인도환생은 이루어졌다고 하셨다. 아이가 자루 속에서 나오던 그 순간에 어느 자궁 속에 수태가 되었다고 호언장담하셨다.

아들은 지금쯤 다복한 가정에서 호사를 누리면서 고등학교에 다니리라 믿어 의심치 않는다.

〈믿는 자에게 복이 있나니, 천국이 너의 것이니라.〉

작품 해설

〈돌쩌귀〉, 문학적 사유와 차연差延의 작품화 | **한상렬**
〈섬〉, 기억하기와 글쓰기 | **송명희**
〈양지마을 맨 끝집〉, '기행수필'의 크로스오버적 기능 확대 | **유한근**

작품 해설

문학적 사유와 차연差延의 작품화

― 김수인(광영)의 〈돌쩌귀〉

한상렬(문학평론가, 에세이포레 발행인)

1. 담론의 단초

"말하는 인간은 말의 저쪽에, 대상의 곁에 있다." 사르트르의 언명이다. 언어의 기성성奇聲成 속에 몸을 두고 동시에 그 구조를 뛰어넘는 제2차적 언어를 실천해야 한다는 견해다. 그런가 하면 메를로 퐁티(Merleau Ponty)는 "문학 작품이 갖는 의미라는 것은, 말이 갖는 상식적인 의미에 의하여 만들어지는 것이 아니라, 오히려 그것을 뜯어 고치는 데 힘을 주고 있는 것이다." 라고 하여 제2차적인 언어를 본질적인 언어로 보고 있다. 문학이 갖는 문자학적 사유는 철학적 함의를 지닌다. 곧 지식과 지혜의 융합알 것이다.

철학자 데리다(J. Derridark)가 생각한 지혜의 본질은 들을 귀를 가진 영혼의 철학과 그 지혜보다는, 이 세계를 눈으로 보고 읽으려 한 그런 철학과 지혜를 담고 있다. 전자를 말 중심주의나 경건주의로 본다면, 후자는 문자학이나 차연(差延differance)의 철학이라고 하겠다.(김형호, 『21세기 문학』, 1997, 29쪽) 여기서 데리다는 문자를 "글자 그대로 아무것도 의미하지 않는다. 그것은 문자가 부조리하기 때문에 그런 것이 아니다. 부조리라는 개념도 형이상학적인 의미와 함께 언제나 체계를 이루었다. 단지 문자는 의미하고자 하는 것이 숨넘어가는 지경에까지 이르도록 충실하게 노력하고 애쓰고 시도해 보는 것이라고 말할 수 있다." 또 '차연'이란 데리다가 만든 조어로서, '차이差異'와 '연기延期'의 뜻을 동시에 담은 단어로 각 단어의 첫 글자로 된 조어다. 어떤 단어나 문장이 확정적이고, 고정적인 의미 맥락을 담지 못하고 그 뜻을 끊임없이 유예 시키는 현상을 일컫는다. 즉 데리다가 말하는 차연은 이러한 의미의 미결정 상태, 끊임없는 유예상태를 일컫는다. 그래서 엄밀함과 논리적 확실성으로 무장했다고 주장하는 철학이 데리다가 보기에는 은유적 수사와 문학적인 비유와 이미지들로 가득 차 있다는 것이다.

데리다의 문자학적 사유는 그가 처음으로 이 세상에 등장 시킨 것이 아니었다. 이미 사유의 역사에서 동서를 막론하고 나타나 있다. 노자老子의 사유가 바로 문자학적 방법이었다. 또 하이데거(Heidegger)의 철학과같이 존재와 구체적인 물상으로서의 존재자의 구분이 그러했다. 그의 언명에 따르면 존재와 존재자가 서로 다르지만, 그 둘이 완전히 다른 이질적인 대립은 아니었다. 존재는 존재자에 귀속해 있고, 반대로 존재자도 존재에 상관적으로 귀속해 있는 상호 부름의 관계를 맺고 있다고 볼 수 있다.

문자학적 사유는 창작에서 자연스레 낯익은 대상에 대한 낯설게 보기와 낯설게 하기를 요구하게 된다. 즉 문학 언어는 일상 언어에 가해진 조직적인 폭력이며, 문학 언어를 다른 담론 형식들과 구별해 주는 것은 일상 언어를 다양한 방식으로 변형시키고 뒤틀어 놓는 데에 있다고 한 시클로프스키의 말을 상기하게 한다. 즉 "문학 장치들의 압력을 받고 변형된 일상 언어는 낯설게 되고 생소화된 언어"라는 점이다. 말할 것도 없이 수필은 그 소재를 생활 속에서 찾아낸다. 따라서 생활이 곧 수필이고, 수필이 곧 생활이 된다. 그러나 우리의 일상생활이란 너무도 낯익어서, 무심히 지나쳐 버리는 일이 허다하다. 무심한 눈에는 아무것도 띄지 않는다. 그러므로 생활 속에서 소재를 찾으려면 익숙하고 낯익은 것들을 '낯설게' 바라보아야 한다. 그러면 어느 순간, 그 낯익은 것들이 낯설게 보이고, 그 낯설음이 자기 마음 속에 어떤 느낌을 안겨 주게 된다. 이런 논의는 수필의 새로움을 찾는 길이 될 것이다. 『수필세계』 가을호를 텍스트로 하여 이런 일단을 규명해 보고자 한다.

수필을 창작하는 이는 자신이 관찰한 사물과 대상에 대하여 고정관념에서 자유로워져야 한다. 그러기 위해서는 전통적 방법의 관점에서 탈피하여 사물을 새롭게 보아야 한다. 여기서 사물에 대한 낯설게 하기는 시작된다. 보이는 대로의 관찰이 아닌 그 사물과 대상을 통찰하는 뒤틀기, 허물기, 장르 파괴를 통해 낯익은 것을 낯설게 보려 할 때 비로소 사물은 화자 가까이 올 수 있다.

김수인의 수필 「돌쩌귀」는 이런 관점의 변화, 역행적 시선이 잘 나타나 있다. 이 수필은 시각의 변화 즉 역행성의 관점에서 소재를 바라보고 낯익은 사물을 낯설게 하고 있다. "부모는 문을 짜는 목수일 뿐이다. 격자문이건 완자문이건 꽃살문이건 아무리 힘들게 제작했어도 돌쩌귀 앞에서 그 공로를 자랑하지 말아야 한다. 돌쩌귀를 심지 않고 벽에 기댄 문을 보라. 단지 공예품으로 존재할 뿐 아무짝에도 쓸모가 없다. 모름지기 문이라면 문설주에 암톨쩌귀를 깊게 심어 놓았을 때 제구실을 한다." 이는 현상에 대한 고정관념을 벗어난 통찰이다. 이렇게 이 수필은 서두에서부터 역행적 시선을 보여준다. 그저 관찰이 아니다. 이 수필의 서술은 모사模寫나 설명보다는 사물을 통찰하기 위한 역행, 이른바 파격破格을 보여준다. 전개는 에피소드를 어떻게 적절히 활용하느냐에 있을 것이다. 암톨쩌귀의 유용성은 이 수필의 단서이자 키워드이다.

　휴가철 내려온 아들 내외. 사태의 발단은 수유 중이던 며늘아기가 아들에게 온 메시지를 전하는 데서 시작된다. 새 프로젝트에 목숨을 걸라는 상사의 암묵적 지시가 있었음에도 아들은 고향집에 내려온 것이다. "막중한 일을 맡기고 출장 간" 상사가 일 처리의 귀추가 궁금하여 그 진척 상황을 묻고 있다. 그런데 "아들은 말을 편집하는데 서툴다." 난감한 형국이다. "제 가장의 말솜씨를 잘 아는 며느리가 자칫 화를 불러일으키기 좋을 답변을 가만히 버려둘 리 없다."는 대목에서 사건 해결의 기미를 보여 주는 암시와 복선이 깔린다. 이 수필의 역행성은 여기서 발동한다. 수필의 위트와 기지, 해학을 보여주는 장면이다. 이어서 이 수필은 그 며느리에 초점이 모아진다. "서울 태생인 며느리는 화술에 귀재다." "사람 한 명이 그 도시 전체의 이미지를 바꾸는가 보다." 그런 며느리이다. 더구나 "요즘 젊은 부부들은 초장에 기선 제압하려" 함에도 불구하고, "제 가장을 하늘처럼 떠받들고 산다."고 했다. 이런 역행이 이 수필의 재미를 더한다. 발상이나 전개가 일상의 틀에서 벗어난 자유로움이 독자에겐 신선한 충격이자 존재 인식일 것이다. 이런 사물의 진실을 통찰하는 지혜로움, 이 세계를 눈으로 보고 읽으려 한 그런 철학과 지혜를 담고 있다.

> 집의 완성도는 암톨쩌귀에게 있다. 얕게 박으면 여닫을 때 흔들리고, 수평이 맞지 않아도 문의 무게를 못 이겨 언젠가는 뽑히고 만다. 정조준해서 수평을 맞춘 뒤 암수 돌쩌귀를 깊숙이 심어야만 문이 조용해진다. 변변찮은 우리 집 문설주에 깊이 뿌리내린 며느리가 보석처럼 마냥 귀하다.
> — 김수인의 「돌쩌귀」에서)

"집의 완성도는 암톨쩌귀에 있다."는 이 설득력 있는 기능과

가치를 단정적으로 해석함으로써 이 수필은 설득력을 확보하고 있다. 해석에 이어 "변변찮은 우리 집 문설주에 깊이 뿌리 내린 며느리가 보석처럼 마냥 귀하다"라는 대목은 이 수필의 일반화이자, 함축적 여운일 것이다. 집의 완성도를 암톨쩌귀에 둔 화자의 언술은 문자학적 지혜이기보다는, 지혜적 언어보다는 '몸'으로 체감하는 철학적 진실인 '차연差延'의 작품화일 것이다. 일상적인 낯익을 법한 화제를 굴절, 변용함으로써 삶의 균형과 조화, 공동체의 하모니를 제시한 이 수필의 주제 의식이 돋보인다.

작품 해설

기억하기와 글쓰기
— 김수인(광영)의 〈섬〉

송명희(부경대 국어문학과 교수, 문학평론가)

1. 기억과 망각, 그리고 자전적 글쓰기

인간은 기억하는 기능을 가지고 있는 동시에 망각하는 기능도 가지고 있다. 어떤 기억은 너무나 고통스러워 잊게 되는가 하면 또 어떤 기억은 너무 고통스러워 잊고 싶어도 잊지 못하는 경우도 있다.

인간은 자신에게 불리한 기억이나 충격적인 과거의 일로부터 자신을 방어하기 위해 뇌의 깊은 곳으로 기억을 이동 시키는 무의식적 망각이 일어나기도 한다. 그래서 인간을 망각의 동물이라 부르기도 하는 것이다. 따라서 기억과 망각은 서로 짝이 되는 개념이다.

더구나 인간의 삶에서 자신과 관련된 자서전의 기억은 삶과 깊은 관련을 맺고 있다. 인간은 자신이 경험한 사건을 겪은 그대로 나열하는 것이 아니라 특정 경험을 취사선택하면서 거기에다 어떤 의미를 부여하고 자신에 관한 이야기를 만들어 가는 존재라고 할 수 있다.

박완서는 그의 자전적 소설인 ≪그 많던 싱아는 누가 다 먹었을까≫의 서문에서 창작과정에서 기억의 취사선택이 불가피했거니와 단편적인 기억과 기억들 사이를 자연스럽게 이어주기 위해서는 상상력의 연결고리가 필요했다고 고백하고 있다. 뿐만 아니라 기억의 불확실성에 대해서도 언급하면서, 기억이라는 것도 결국 각자의 상상력일 따름이라고 말한다. 즉 아무리 자전적 글쓰기라고 하더라도 온전한 기억의 재현은 불가능하며, 상상적이고 허구적인 글쓰기를 하지 않을 수 없다는 뜻이다.

≪자서전 규약≫을 쓴 필립 르죈(Philppe Lejeune)도 자서전이 기억의 문제, 인격형성의 문제, 자기분석의 문제 등 광범위한 여러 문제와 연관되어 있다는 점에서 심리학적 연구가 가능할

것이라는 견해를 피력한 바 있다. 그는 자서전을 읽는 독자가 정신분석학에서 귀중한 도움을 얻을 수 있는 이유가, 그 이론이 한 개인을 그 역사와 유년기의 체험을 통해 설명해 주기 때문만은 아니다. 그보다는 정신분석학이 개인의 역사를 그의 담론(discours) 속에서 파악하며, 그때 언술행위가 바로 그의 탐구(또한 그 치료의) 자리가 되기 때문이라고 했다.

수필은 근본적으로 작가의 체험과 기억이 토대가 된 자전적 글쓰기의 양식이다. 그리고 글쓰기란 감정의 표출을 통한 카타르시스가 이루어지는 과정이며, 과거의 상처와 억압된 기억을 떠올려 의식화함으로써 상처를 치유하게 만드는 과정이라고 말할 수 있다. 작가의 자전적 글쓰기는 작가 자신의 과거의 상처와 억압된 기억의 재현이며, 의식화와 치유의 과정인 것이다.

2. 가부장적 성차별의 기억, 그리고 화해

김광영의 섬이라는 수필은 아버지의 가부장적 성차별주의로 인해 자신이 받았던 트라우마(trauma)를 다시 불러내는 회상의 글쓰기가 이루어지고 있다. 즉 능동적인 기억하기를 통해 작가는 상처가 되었던 과거의 기억을 지우며 새로운 자아로 거듭나기를 시도하고 있다.

그녀의 유년을 돌이켜보면 노인으로부터 자상한 말 한마디, 따뜻한 손 한번 잡혀본 기억이 나지 않는다. 하지 마라, 안 된다, 나쁜 짓이다, 등등의 훈계만이 다 자랄 때까지 못이 박히도록 이어졌다. 철조망 같은 울타리에 갇혀 언제나 자유를 찾아 훨훨 날고 싶었고, 때론 노인의 굴레를 벗어나고 싶은 게 꿈이기도 했다. 바르게 키우려는 의도였겠지만 제재가 심하면 정이 떨어진다는 걸 노인은 몰랐다. 하물며 핏줄도 그런데 타인이야 오죽했으랴.

어릴 때 어머니가 돌아가셔서 육친의 따뜻한 정이 그리웠던 딸에게 오로지 규제로 일관했던 아버지의 엄격한 훈육은 그녀에게 깊은 마음의 상처로 남아있다. 뿐만 아니라 성장한 다음에도 이복 남동생들에게만 전답을 물려주고 그녀에게 아무런 상속을 하지 않은 아버지가 그녀는 그저 야속하기만 해 외면하고 싶었던 적이 한두 번이 아니었다.

(전략) 더더구나 어릴 때 어머니가 돌아가신 딸은 아버지에 대한 애틋한 정이 별로 없다. 이복남동생 네 명에게 전답을 죄다 물려주고 그녀에겐 따비밭 한 자락도 물려주지 않는 게 못내 서운해서다. 스물아홉에 세상을 뜬 아내의 한 점 혈육에게 그렇게

냉정할 수 있을까 해서 친정걸음을 그만 두려고 작심도 여러 번 했었다.

　언젠가 그녀가 아버지와 단둘이 있는 시간에 딸에게도 상속을 좀 달라고 했더니 일언지하에 "나는 딸에게 상속 주는 법은 인정 못 한다." 쐐기를 박으셨다.

　그럼 아들이 허방에 날린 전답은 아깝지 않으냐고 했더니 "애비가 번 돈을 자식이 좀 쓰면 어떻노." 그런 대답이 돌아왔다. 그런저런 차별대우를 하는 노인께 굳이 보청기를 해드리는 것이 딸은 내키지 않았다. 그녀의 작은 동생들 역시 큰형의 지분만큼 물려받지 못했다고 번갈아가며 투덜댔다.

가부장적 성 차별주의로 인해 딸 대신 아들, 아들 중에서도 장자 우선주의로 일관했던 아버지는 생전에 그로 인해 아들과 딸로부터 결국 외면을 당하게 된다. 귀가 들리지 않는 아버지에게 아들과 딸은 상속을 많이 받은 장남에게 보청기 사드리는 일을 미루고 사주지 않으며, 겨울철 한파가 기승을 부려도 아버지를 위해 털 점퍼를 사드리지 않는다. 그래서 찾아오는 자식도 벗도 없이 노년을 섬처럼 외롭게 사셨던 아버지가 안타까워 딸은 결국 방한화와 깃털점퍼를 사드린다. 작품 속의 부자관계에서 제 삼자가 객관적으로 보게 되는 또 다른 측면은 혈연관계마저 철저한 기브앤테이크(give & take)에 지배되어 받은 만큼만 주겠다는 요즘의 계산적인 세태이다. 아마 이 점에 대해서 김광영은 가슴 많이 아팠을 것이다.

노인이 섬이 된건 청각을 잃은 탓도 있지만 고루한 성품 탓이 더 크다. 서양문물은 모두 싫고 흘러간 조선시대의 관습만 고집하셨다. 그래서 늘 고독했다. 선대로부터 물려받은 풍습과 관행은 아버지의 유산이기도 했다. 재물유산은 천수답 서마지기를 받았지만 정신적인 유산은 노적가리만큼 받은 분이다.
자식들에게 재산을 차별 없이 나누어주고, 변해가는 시대 풍조를 받아들였더라면 저렇게 소외 되진 않았을 텐데. 그녀가 자랄 때까지도 조선시대 말기의 생활을 고집하시다보니 별나다고 호가 났다. 보이지 않는 전파가 번개같이 날아다니는 소통만능 시대에 당신만의 틀에서 벗어나지 못하는 노인이 가엾고 딱하기 이를 데 없었다.

김광영의 〈섬〉에서 '섬'이란 일종의 상징이다. 섬은 혈육이라는 네트워크로부터도 소외된 존재인 아버지를 상징한다. 그 소외는 아버지의 고루한 가부장적 성차별주의와 장자 우성주의가 자초했다. 게다가 지나치게 엄격했던 개인적 성품으로 주위 사람들에게 곁을 주지 않았기 때문이다. 그러나 자식들로부터 소외된 것은 물론이거니와 집안 친척들에게 여러 도움을 주었으면서도 정작 자신은 절해고도의 외로운 섬처럼 털 복숭이 개 한 마리에 의지하여 고독하고 소외된 노년을 살다 세상을 떠났다.

김광영은 아버지의 외로운 삶이 개인적 성품도 성품이려니와 새로운 시대풍조를 받아들이지 못하고 선대의 풍습과 관행에 사로 잡혀 자신만의 틀에서 벗어나지 못했던 데서 기인한 것으로 이해한다. 호미 바바(H.bhabha)는 기억하기는 결코 자기반성이나 회고와 같은 정태적 행위가 아니다. 그것은 현재의 외상을 이해하기 위해 조각난 과거를 짜 맞추어 보는 것, 고통스러운 다시 떠올림이라고 했던 말을 상기 시킨다. 김광영의 기억하기는 바로 현재 그녀를 지배하고 있는 트라우마를 이해하기 위한 고통스러운 떠올림이라고 할 수 있다.

어쨌던 김광영은 자전적 글쓰기의 주관성을 벗어나기 위해 실제 작가인 그녀 자신을 '딸'이라는 객관적 호명으로, 그녀의 아버지는 '노인'으로 호명함으로써 보다 객관적인 공감대를 불러일으킨다. 그로 인해 가부장적 성차별주의로부터 상처를 받았던 세상의 모든 딸들에게 상처의 흔적을 지우는 능동적 망각을 통해 화해를 하라고 말을 걸고 있는 듯하다. 원망스러우면서도 육친이기에 미워할 수 없었던 애증의 복합감정과 이제는 미워할 대상마저 세상을 뜨고 말았으므로 다만 가엾고 딱하게 여기는 연민의 감정에 사로잡혀 있는 작가의 애틋한 마음이 독자에게 진솔하게 전해진다.

작품 해설

'기행수필'의 크로스오버적 기능 확대
― 김수인(광영)의 〈양지마을 맨 끝집〉

유한근(문학평론가)

  기행수필은 여행하는 동안에 보고 듣고 느낀 것들을 모티브로 한 수필이다.
  그러나 기행수필은 기행문과는 변별성이 있다. 이 양자는 여행에 대한 느낌과 생각을 기록한다는 점에서는 공통점이 있지만, 전자가 문학작품인 데 반해 후자의 경우에는 실용문이라는 점에서 다르다. 그러나 이 양자의 차이는 변별성이 뚜렷하지 않은 듯하다. 순수문학과 목적문학의 차이처럼, 그것이 지향하는 바가 무엇인가에 따라 나누어질 수 있을 것이다. 여행이 목적이고 그것에 대한 자신의 삶의 흔적을 사진처럼 기록하기 위해 쓴다면 기행문이 될 것이다. 기행수필은 그것보다는 노정路程이나 목적과 목적지가 분명하게 밝혀지지 않아도 된다. 그리고 객창감客窓感을 통해서 인간의 본체와 삶의 본질을 나타내 감동을 주기만 하면 된다. 자조문학적自照文學的 성격을 지녀 작가의 내면 투영에서부터 철학적 사유, 역사 문학 탐색 등 지적이든 감성적이든 감동을 주는 문학이 되어야 한다. 이를 위해서 기행수필은 타 영역과 크로스오버 되어야 한다. 철학과 역사와 다른 문화예술과의 크로스오버 되어 그 영역을 확대 시킨다. 작가 개인의 문제에서 안주하지 않고 다른 영역으로 침투할 수 있다. 그러므로 해서 작가 자신의 세계를 확충 시킨다.

기행수필에서의 작가 상상력

김수인의 〈양지마을 맨 끝 집〉은 '양지마을'이라는 두메산골 나들이 수필이다. 양지마을은 명승지나 관광지가 아니라 이름처럼 '양지마을'이라는 이름이 붙여진 마을로 우리나라에는 많다. 이런 곳의 여행 혹은 나들이는 곳에 대한 소개나 역사 문화에 대한 기술의 부담이 없다. 작가의 느낌이나 여정에서의 사유 과정만 기술되면 되기 때문이다. 작가의 상상력을 얼마든지 촉

발시켜 확장해도 된다. 이 수필의 서두만 봐도 알 수 있다.

시골이거니 했더니 생각보다 깊은 두메산골이다. 오색단풍 짙은 골에 통나무집 한 채! 그 집에 인기척이 없다. 개울에 핀 갈대꽃이 객을 반기고, 창공을 비행하는 까마귀 몇 마리가 적요를 깨뜨린다. 한적한 집에서 삭아가는 소리가 들린다.
　목줄 묶인 진돗개 한 마리 타인이 들어서도 짖질 않는다. 축축한 땅에 엉덩이 붙이고 앉았다가 우릴 보고 일어서서 꼬리를 흔들어댄다. 밥 주던 주인을 기다리다 꿩 대신 닭처럼 반가웠던가. 먹다 남은 사료 몇 알이 비에 젖어 불어 터졌다. 그네는 저 홀로 바람을 타고, 뜰에 민들레도 외로움에 지쳤는지 씨방을 부풀려 어디론가 훨훨 떠날 태세다.
　이집 주인은 알밤이 떨어져 싹이 돋고 홍시가 농익어 흘러내리고 석류가 몸을 열어 유혹을 해도 거둘 마음이라곤 없나 보다. 한 쪽 날개가 떨어진 집이라고 쓸쓸한 풍경이 스스로 보여준다.
　　　　　　　　－ 김수인의 〈양지마을 맨 끝 집〉 서두

두메산골의 외딴 집의 풍경과 그곳에 사는 사람을 감성적으로 디테일하게 표현하고 있는 수필이다. 여행의 여정에 느끼는 여정을 그린다거나 객창감客窓感을 표현한 수필이 아니라는 점에서 볼 때, 이 수필은 기행수필이라고는 볼 수 없다. 기존의 기행수필의 범주에서 일탈된 수필이다. 이런 시각에서 이 수필은 두메산골의 외딴 집과 그곳에서 살고 있는 안주인에 대한 정서적 인식과정을 그린 수필로 보아야 할 것이다. 그러나 그 대상을 만나기 위해서는 여행을 해야 한다. 그 여정旅程과 여정旅情과 객창감客窓感을 생략하고 있다는 점에서이다. 하지만 그곳의 풍경, "가마솥 걸어두고 메주 끓이던 황토 집" 토담, 그리고 "구찌뽕, 헛개나무, 산수유, 참다래, 매실나무, 호두나무, 밤나무" 등, 그리고 녹이 슨 농기구, 된장단지, 그리고 그 집의 안주인을 만난 여행에서의 감회를 쓰고 있다는 점에서 이 수필도 편의상 기행수필의 범주 속으로 넣어도 좋을 것이다. 그리고 이러한 모티브가 작가의 상상력을 극대화 시킬 수 있음도 확인할 수 있었다. 특히 이 수필의 마지막 단락인 '예배당에 갔다는 주인은 산 그림자가 내려도 돌아오지 않는다. 찬바람에 개만 홀로 집을 지킨다. 울컥 가슴 언저리가 뜨겁다. 차 뒷자리에 앉아 텅 빈 풍경을 눈에 담는다. 물끄러미 바라보는 개를 동공에 품고, 집 주인의 황막한 심정을 쓸어안는다. 한쪽 날개 떨어진 상처에 새살 돋아나길 바라면서 고개를 돌린다.'에서 보여주고 있는 작가의 상상력이 그것이다.